Christiane Kutik

Herzensbildung

Christiane Kutik

Herzensbildung

Von der Kraft
der Werte im Alltag
mit Kindern

Verlag Freies Geistesleben

2. Auflage 2016

ⓔ auch als eBook erhältlich

Verlag Freies Geistesleben
Landhausstraße 82, 70190 Stuttgart
www.geistesleben.com

ISBN 978-3-7725-2744-9

Fotos: Charlotte Fischer (S. 68, 112, 124); istockphoto (S. 10, 42, 100);
photocase (S. 18, 30, 56, 80, 90, 134, 146)
Umschlaggestaltung & Satz: Bianca Bonfert
Druck und Bindung: DZA Druckerei zu Altenburg GmbH, Altenburg
Printed in Germany

Vorwort

Kinder werden heute viel gefragt: Sie sollen entscheiden, welches Joghurt, welches Müsli, welches T-Shirt, welchen Ausflug, welches Programm sie denn gerne hätten. In den jungen Erdenbürgern könnte das den Eindruck erwecken, es ginge hier im Leben hauptsächlich um das Materielle. Und darum, dass alles «Spaß machen» soll – selbst wenn wertschätzendes Miteinander dann auf der Strecke bleibt. «Unsere Kinder haben keine Lust zu grüßen», sagt zum Beispiel ein Elternpaar. – «Und bitte und danke sagen sie auch nicht?» – «Die wollen das nicht. Und dann lassen wir sie.»

Allerdings ist es keineswegs großzügig, Erziehung auf das zu reduzieren, was Kinder mögen, denn es vermittelt ihnen die Haltung: ‹Sei dir selbst der Nächste. Tu was du willst. Es ist in Ordnung, andere Menschen vor den Kopf zu stoßen.›

Und wie oft werden Kinder selbst brüskiert, beispielsweise wenn die liebsten Menschen, die sie haben, ihnen zu wenig Aufmerksamkeit widmen, weil es im Alltag ständig «schnell, schnell» gehen soll – und sie andererseits erleben, dass ein kleines, smartes, elektronisches Gerät oft mehr Zuwendung erfährt als sie selbst.

So gehört es in unserer modernen Zeit der Fülle und Möglichkeiten zu den großen Erziehungsaufgaben, das Wesentliche vom Unwesentlichen zu unterscheiden. Und wesentlich ist, dass wir Erwachsene unsere Herzenskräfte aktivieren. Dass wir als Eltern und Erziehende es wieder wagen, Werte hochzuhalten und vorzuleben – selbst wenn andere einen dann für «altmodisch» halten.

Für Kinder ist es niemals altmodisch, zu spüren, wie sich Geborgenheit anfühlt. Oder mitfühlen zu können. Oder zur Eigenständigkeit ermutigt zu werden. Kinder lieben es, wenn Erwachsene mit ihnen bewusst schöne, aufbauende Dinge pflegen, wenn sie sich Zeit nehmen, zuzuhören oder mit ihnen Wunder zu entdecken.

Kinder sind auf herzliche Zuwendung geradezu angewiesen – die gar nicht immer stundenlang dauern muss und doch Regelmäßigkeit braucht. Jede wertschätzende Handlung, die wir Kindern vorleben, gibt ihnen Halt und Lebenssicherheit.

Dafür will dieses Buch Sie begeistern. Es zeigt, wie es – trotz der Herausforderungen des modernen Lebens – gelingt, im Alltag kleine Freiräume für das zu schaffen, was innerlich belebt und beflügelt und begeistert. Wo Kinderaugen wieder strahlen und wo durchweg auch der Humor seinen Platz hat.

München, 26. Februar 2016   Christiane Kutik

WARUM DAS HERZ

GEBILDET WERDEN MUSS

WARUM DAS HERZ GEBILDET WERDEN MUSS

Ein Sechsjähriger sitzt mit seinem Papa in einer Eisdiele. Auf einmal und ganz unvermittelt fragt er: «Du, Papa, gell, es gibt schon mehr gute Menschen als schlechte. Oder?»

Der Vater schaut zunächst etwas ratlos und rückt seinen Stuhl zurecht. Schließlich antwortet er beherzt: «Ja! Und jeder kann jeden Tag etwas dazu beitragen.»

Und was ist es denn, was «jeder jeden Tag dazu beitragen» kann? Elterliche Ratschläge – wie etwa: «Lüg nicht!», «Iss nicht so unappetitlich!», «Sag keine schlimmen Ausdrücke!» – erreichen nichts. Viel wirksamer ist das Bemühen, bei sich selbst anzufangen. Selbst darauf zu achten, dass man das sagt, was wahr ist. Selbst vorzumachen, wie man gepflegt isst. Selbst nicht zu fluchen.

Denn Kinder nehmen sehr genau wahr, was wir Erwachsene vorleben. «Aber du machst es doch auch», ruft der Sohn, als seine Mama, die von den Kindern keine Schimpfworte duldet, selbst eines von sich gibt. – «Oh, das tut mir leid», sagt sie. «Da muss ich wirklich mehr aufpassen.»

Mehr aufpassen: das sollten wir alle. Und eigene Fehler bemerken und zugeben. Denn auch das gehört zur Bildung des Herzens.

Wir sollten nicht gleich beleidigt reagieren, wenn Kinder uns mit ihrer natürlichen Offenheit eigene Nachlässigkeiten spiegeln. Sondern lernfähig sein. So heißt es schon bei Goethe: «Ein Werdender wird immer dankbar sein.»[1] – Und Werdende

sind wir auch als Eltern: Wir können viel lernen, wenn wir
mehr darauf achten, was Kinder an Herzensimpulsen mit auf
die Welt bringen.

HERZENSIMPULSE DER KINDER

Haben Sie schon einmal beobachtet, wie gerne kleine Kinder
teilen? Alle Kleinen haben – zunächst – diese wunderbare
Eigenschaft. Doch wie oft wird sie von Erwachsenen ausgebremst!

*So wie bei diesem Kind im Kinderwagen: Der Vater gibt ihm
ein Apfelstück. Das Kind nimmt es, beißt ab und streckt es sogleich seinem Papa entgegen. Er soll auch abbeißen. Doch der
schüttelt den Kopf. Das Kind versucht es erneut. «Nein», wehrt
der Vater ab. «Das ist alles für dich!»*

Erwachsene mit der Einstellung «Alles Beste nur für das Kind»
halten sich oft für großzügig. Und merken nicht, wie dadurch
die natürlichen Herzenskräfte der Kinder zurückgedrängt werden. Vielleicht wird dieses Kind – und auch andere, die derar-
tig abgewiesen werden – den Eltern noch ein paar Mal etwas
anbieten – bis es gelernt hat: Meine Gaben sind gar nicht er-
wünscht.

  Doch Kinder wollen ernst genommen werden. Und sie
sehnen sich nach herzlicher Zuwendung der Eltern.

Herzliche Zuwendung lässt Kinder aufblühen

Gerade auch den Familienmitgliedern, die wir ja so gut kennen, können wir Herzlichkeit schenken. Dann kosten wir eben ein klein wenig von dem dargebotenen Apfel und sagen freundlich «Danke». Und das Kind wird es mit einem Strahlen quittieren und lernen: «Es ist gut, wenn ich abgebe.»

Nehmen wir uns daher vor, keine materielle Belohnung zu verteilen – denn wir können es ja selbst beobachten, dass ein herzliches Dankeschön mit Augenkontakt und ein Anlächeln das Kind freut und beglückt.

Lächeln ist ansteckend

Kinder spiegeln uns helle, echte Freude, wenn sie gesehen werden. Wenn sie ein herzliches Lächeln spüren, einfach so, mal zwischendurch. Lächeln schafft die kürzeste Verbindung zwischen Menschen und erwärmt Herzen. Und das braucht die Welt. Denn lächeln, wirklich herzlich lächeln kann nur der Mensch.

Tun Sie es also öfter und lächeln Sie Ihr Kind an – wo immer Sie mit ihm beisammen oder unterwegs sind. Und Sie können sich freuen, denn Lächeln ist ansteckend. Wem Sie es auch schenken: es kommt zurück.

KEINE MATERIELLE BELOHNUNG

Schenken, teilen und helfen sind ganz ursprüngliche Impulse der Kinder. Wir sollten sie daher für diese natürliche Bereitschaft nicht materiell belohnen. So wie kleine Kinder die Fähigkeit mitbringen, mit anderen zu teilen, so sind sie auch von sich aus motiviert zu helfen – solange es ihnen nicht abgewöhnt wird. Mittlerweile belegen «mehr als 100 Studien, dass Belohnung die Eigenmotivation schwächt».[2] In einer dieser Studien mit zwei Gruppen von zwanzig Monate alten Kleinkindern sollte eine Versuchsleiterin ihren Schreibtisch aufräumen und dabei einen Bleistift fallen lassen. Den Kindern der ersten Gruppe gab sie für das Aufheben je einen Spielklotz. Die Kinder der zweiten Gruppe bekamen ein freundliches Lächeln. Die Forscher stellten fest: Bei den Kindern, die für ihre Hilfeleistungen materiell belohnt wurden, ließ der innere Drang zu helfen nach.

HERZLICHKEIT IN DER BEGEGNUNG

Überhaupt: Nicht nur das Lächeln, sondern jede Begegnung beglückt. Daher ist das Begrüßen so wichtig. Gleich am Morgen können wir uns innig begrüßen. Mit Körperkontakt. Mit Namen. Statt den Morgenmuffel zu markieren. Beobachten Sie doch einmal, wie der Tag gleich ganz anders beginnt! Man kann es unmittelbar spüren. Die paar Sekunden Zeit gibt es dafür immer. Dasselbe gilt für ein herzliches Verabschieden. Und es stärkt Kinder emotional.

KINDER EMOTIONAL STÄRKEN

… das ist heute unerlässlich, wo das Thema Gewalt allgegenwärtig ist und wo ein Negativtrend durch Medien, Werbung oder angesagte Spielfiguren verbreitet wird, etwa durch die «Minions», die verkünden: «Wir wollen dem größten Schurken dienen.»

Hier können Sie als Eltern ein «gutes Gewissen» haben, wenn Sie Ihrem Kind Dinge verweigern, die eindeutig negativ gepolt sind. Oft ist hier der Einwand zu hören: «Aber dann ist mein Kind sauer.» Das ist völlig in Ordnung. Das passiert bei Kindern häufig.

Doch letztendlich lernt Ihr Kind, dass Ausflippen nicht belohnt wird und dass Papa und Mama eine klare Haltung haben – ohne einzuknicken. Das erfordert Mut. Und Mut ist eine wichtige Herzenskraft, die hier vorgelebt wird. Das stärkt Ihr Kind.

GEBORGENHEIT

TRÖSTEN UND BERUHIGEN

Ein Kind fällt hin. Seine Mama greift nach ihrer Tasche und ruft: «Moment, warte, die Arnikakügelchen! Wo hab ich die denn?» – Eine andere Mutter: «Ich kann dir aushelfen. Ich hab immer welche dabei.»

Das Kind bekommt die Kügelchen und obendrein noch jede Menge Fragen: «Wo tut's denn weh? Ist es schlimm? Nun sag schon!» Doch das schluchzende Kind will und will sich nicht beruhigen.

Wie anders ist es bei diesem Kind, das eben gestürzt ist: Seine Mama beugt sich zu ihm hinunter. Sie streichelt ihm über den Rücken und singt:

Heile, heile Segen,
drei Tage Regen,
drei Tage Sonnenschein,
wird schon wieder gut sein.

Das Kind entwindet sich den tröstenden Armen. Und es sieht ganz so aus, als ob der Schmerz verflogen wäre.

So rasch? Es ist ein offenes Geheimnis, dass Kinder sich am besten beruhigen, wenn man sie in den Arm nimmt und ihnen etwas vorsingt. Kurzum, wenn sie Nähe und Geborgenheit spüren.

GEBORGENHEIT IST EIN MENSCHLICHES GRUNDBEDÜRFNIS

Dieses Bedürfnis geht weit über Situationen des Tröstens hinaus. Eine Mutter sagt in diesem Zusammenhang: «Das Kind braucht keine tollen Klamotten oder Ausflüge oder Spielsachen. Sondern es braucht einen vertrauten Erwachsenen, der herzlich ist und der zu ihm hält.»

Kinder sind geradezu angewiesen auf ein wohlwollendes Gegenüber, das sich für sie interessiert, ihnen Halt und Sicherheit gibt und das Gefühl vermittelt: Hier bin ich richtig. Und überhaupt: Ich bin richtig!

Kinder brauchen Nestwärme. Sie wünschen sich, angenommen zu sein und zu spüren: Hier ist mein Platz – und hier habe ich Rückhalt.

KINDER WOLLEN LIEBE SPÜREN

Sie wollen spüren: «Ich bin geliebt, weil es mich gibt. Die Eltern mögen mich und zeigen mir das auch.» Statt von Eltern bedrängt zu werden, dass man nicht so schüchtern sein, mehr Freunde haben und ohnehin ganz anders sein soll.

Kinder sollen unbedrängt sein dürfen – in dem Sinne, wie Alice Miller es zusammengefasst hat: «Ich bin niemandem Heiterkeit schuldig und muss nicht meinen Kummer oder Angst oder andere Gefühle nach den Bedürfnissen anderer unterdrücken.»[3]

KEINE ZEIT?

Geborgenheit zu geben scheint heute nicht leicht – in einer Zeit, in der gerade auch Eltern unter dem Druck langer Bürostunden leiden und ihr Alltag von Stress geprägt ist. Wie sehr wünschen sie sich, mehr Zeit mit den Kindern zu haben!

Näher besehen gibt es die Zeit. Doch bleibt sie oft ungenutzt, weil Mutter und Vater zwar physisch anwesend sind – jedoch nicht präsent. Das ist ein wunder Punkt, den schon die Kleinsten erleben. Immer wieder fordern sie die Präsenz ihrer Eltern ein.

So wie dieses Zweieinhalbjährige, das auf seinem Laufrad sitzt und der Mama ein Kunststück vorführen will. «Schau mal!», ruft es begeistert und zieht schnell die Füße hoch. Doch seine Mama ist mit ihrem Smartphone beschäftigt. Das Kind wieder: «Mama, schau!» – «Ich schau ja», ruft sie. Sie blickt kurz auf und heftet die Augen dann weiter auf ihr Mobilgerät. – «Mama, warum schaust du nicht?» – «Ich bin doch da», meint sie.

EIN NUR KÖRPERLICHES «ICH-BIN-DOCH-DA» IST FÜR KINDER NICHT GENUG

Allein physisch präsent zu sein reicht nicht aus – auch nicht für all die Babys, die ihr Liebstes, die Eltern, gar nicht anschauen können, weil sie mit Blick nach vorne geschoben werden.

*Und auch nicht für diese Zehnjährige, die der Mama vorhält:
«Nie hast du Zeit!» Die Mutter erwidert: «Stimmt nicht, ges-
tern waren wir doch Eis essen.» – «Ja, aber du hast die ganze
Zeit nur in dein Handy getippt.»*

Ein Kind, das spürt, dass ein Gerät wichtiger ist als es selbst, ist
nicht geborgen.

Kuscheln vor dem Bildschirm?

Auch wenn wir mit den Kindern fernsehen, gibt es ihnen keine
Geborgenheit.

*«Wieso nicht?», entgegnet der Vater einer Fünfjährigen. «Wir
gucken immer gemeinsam. Sie sitzt dann auf meinem Schoß,
und ich halte sie.» Und er fügt hinzu: «Manchmal habe ich
schon das Gefühl, dass ihr das Kuscheln wichtiger ist als die
Bilder.» Bei der Frage, warum er dann den Bildschirm überhaupt anschaltet, wird er nachdenklich. «Stimmt eigentlich …
Es ist mehr so aus Gewohnheit. Und ich will ja auch mit
meinem Kind in Kontakt sein.»*

Doch «sind Bildschirme bei den ganz Kleinen aus grundsätz-
lichen Überlegungen heraus schädlich», wie u.a. der bekannte
Hirnforscher Manfred Spitzer nachweist.[4] Und um mit den
Kindern wirklich in Kontakt zu sein, gibt es wertvollere Möglichkeiten, als gemeinsam vor der Mattscheibe zu sitzen.

Mit den Kindern in Kontakt sein

… das gelingt, wenn Sie, liebe Eltern, sich Ihrem Kind direkt und persönlich zuwenden und sich mit ihm unterhalten. «Worüber denn? Kinder verstehen ja noch gar nicht richtig», heißt es oft. Und ob Kinder verstehen! Schon als Babys sind sie vollkommen empfänglich für die herzliche Kontaktaufnahme, beispielsweise für ein freundliches Gesicht, das es anlächelt und ihm zunickt. Lächeln Sie mal ein Kind an, das im Bus, in der U-Bahn, an der Haltestelle oder sonst wo im öffentlichen Raum ohne Blickkontakt zu Mama oder Papa in seinem Wagen sitzt. Und Sie werden bemerken, wie dem kleinen Wesen die Augen aufgehen, wie es beginnt zu lächeln, wie es sich freut. Entscheidender ist natürlich, dass die Eltern das tun, denn Kinder sind auf eine direkte Verbindung zu den Eltern oder Bezugspersonen geradezu angewiesen.

Verbindung pflegen

Ein Kind ist wichtiger als Geräte. Zeigen Sie ihm das, liebe Eltern, und nutzen Sie Mobilgeräte unterwegs bewusst nur für dringende Nachrichten. Schauen Sie es stattdessen viel öfter freundlich an, nicken ihm zu, lächeln es an und sprechen Sie mit ihm. Und Sie können sich freuen, wie dann sofort die Augen des Kindes aufleuchten, sobald es echte Zuwendung spürt.

Pflegen Sie außerdem im Alltag viele kleine Rituale, die Geborgenheit vermitteln.

Die wichtigsten Geborgenheitsrituale

Zu den wichtigsten Geborgenheitsritualen für Kinder gehört, dass wir sie aufmerksam und liebevoll begrüßen und verabschieden. Nicht nur am Morgen, sondern auch während des Tages – und jedes Mal mit Augenkontakt, Berührung, einem Bussi und ein paar herzlichen Worten. Doch wie oft wird gerade dies versäumt, weil Eltern meinen, ein «Hallo» im Vorbeigehen würde dem Kind genügen. Oder gar sagen: «Unsere Kinder mögen das nicht.»

Doch das sollte für Eltern kein Grund sein, sich verunsichern zu lassen. Geben Sie Ihrem Kind stattdessen Halt und zeigen Sie ihm: «Moment, mein Liebling. Du bist mir viel zu wichtig, als dass wir aneinander vorbeigehen.»

Ein Vater von Teenagern erzählt: «Bei uns ist es üblich, herzlich zu grüßen. Die Leute meinen oft, wir hätten eben besonders pflegeleichte Kinder. Aber in Wirklichkeit kopieren Kinder das, was wir Erwachsene ihnen vormachen.»

So ist es. Es ist dann eingeübt und eine gute Gewohnheit.

«Schön, dass es dich gibt!», so begrüßt eine Mutter eines Morgens ihre vierzehnjährige Tochter, nimmt sie in die Arme und schaut sie an. Die Tochter erwidert überrascht: «Hast du das gestern im Seminar gelernt, Mama?»

«Da mussten wir beide lachen», berichtet die Mutter. «Und es war das erste Mal seit Monaten, dass wir wieder miteinander gefrühstückt und überhaupt richtig miteinander geredet haben.»

Im Kontakt miteinander sein

Miteinander in echtem Kontakt sein: danach sehnen sich Kinder. Es ist gerade heute wichtig, wo oft schon Kindergartenkinder unter Mobbing leiden, wo Grundschüler unter anderem durch offiziell abgesegnete Frühsexualisierung oder unter Gruppendruck übers Handy mit Szenen konfrontiert werden, denen sie nicht gewachsen sind. Hier sind Mütter und Väter gefragt, die mitbekommen, wenn ihr Kind bekümmert ist. Kinder brauchen Eltern, die ihnen zur Seite stehen. Die nicht nur sagen: «Du kannst mir alles sagen», sondern das auch wirklich meinen. Sie brauchen Eltern, bei denen das wirklich möglich ist.

Sagen können, was einen bekümmert

Mama fällt auf, dass Lea in letzter Zeit «so komisch» ist. «Was ist denn mit dir?», fragt sie. «Ist irgendwas in der Schule?» Die Neunjährige hält den Blick gesenkt. «Mit den anderen Kindern?» Kopfschütteln. «Nun sag doch!», drängt ihre Mama. Und da nicht gleich etwas kommt, wendet sie sich ab und sagt: «Na gut, dann eben nicht.»

Später beklagt sie sich in einer Elternrunde: «Mein Kind erzählt gar nichts.» Andere Eltern bestätigen: «Das kennen wir!»

Nun ist ein Kind ja kein Auskunftsbüro. Aber wenn es Kummer hat, will es sprechen. Allerdings erzählt es in der Regel nur, wenn es ganz sicher ist, dass Mama oder Papa innerlich auch wirklich bereit sind zuzuhören.

KINDERN WIRKLICH ZUHÖREN

Leas Mutter hat sich Rat geholt. Als sie beim nächsten Mal merkt, dass ihrer Neunjährigen etwas auf dem Herzen liegt, sagt sie: «Komm, lass uns ein paar Schritte spazieren gehen.» Erst will Lea nicht. Schließlich kommt sie doch mit.

Draußen und in der Bewegung und dicht beieinander geht es leichter. Vor allem, weil die Mutter eines beherzigt: Sie löchert ihr Kind nicht dauernd in dem Sinne, dass sie drängen würde: «Nun erzähl doch mal!» Sondern?

Nachdem sie eine Weile nur nebeneinanderher gegangen sind, erzählt die Mutter von sich, von einer schwierigen Situation, die ihr als Kind einmal zugesetzt hat. Und dann – Pause. Aber sie bleibt empfangsbereit. Und geht mit ihrer Tochter weiter. Und auf einmal fängt Lea an zu erzählen.

Es dauert oft ein bisschen, bis Kinder sich öffnen können. Sie tun es nur, wenn sie spüren, dass der Erwachsene bereit ist, sich auf sie einzulassen. Und nicht gleich wieder alles besser weiß.

Dann ist «Zeit für Geborgenheit». Die kann manchmal auch ganz spontan entstehen – etwa am Wochenende bei einer Kissenschlacht im großen Bett, bei der es keine Verlierer, doch mit Sicherheit ganz viel zu lachen gibt.

Auch Grenzen gehören dazu

Geborgenheit heißt auch, Grenzen zu setzen – wo nötig – und Kinder bei Übergriffen in die Schranken zu weisen. Anstatt sie dauernd zu betütteln und ihnen alles recht machen zu wollen. Andernfalls lernen sie: ‹Ich bin der Nabel der Welt, und alles muss nach meinem Willen gehen.› Was dann in Schule und Beruf nur Nachteile hat, da diese Kinder nicht gelernt haben, Frust oder Konkurrenz auszuhalten.

Wichtig ist, «dass das Kind zu spüren bekommt, dass es nicht der einzige Dreh- und Angelpunkt der Familie ist», sagt Judith Jackson.[5] Und sie weist in diesem Zusammenhang auch auf die wichtige Rolle des Vaters hin, der der Mutter das klarmachen muss, falls sie viel zu nachgiebig mit ihrem Kind ist.

Geborgenheit zu geben ist der Weg der Mitte, der sich niemals liebedienerisch an den Wünschen des Kindes orientiert. Der nie verlangt: ‹Ich will von meinem Kind geliebt werden›, denn das tun Kinder ja ohnehin – selbst wenn es manchmal anders aussieht.

Um Geborgenheit geben zu können, ist es nötig, dass Sie immer wieder dafür sorgen, selbst in der Balance zu bleiben.

SELBSTACHTUNG

In einer Elternversammlung für Grundschulkinder taucht die Frage auf: «Stellen Sie sich vor, Ihr Kind ist zwanzig Jahre alt und will so weit wie möglich von zu Hause weg. Nun ist Ihr Sohn oder Ihre Tochter in einem fernen Land. Ganz auf sich gestellt. Was braucht er oder sie, um sich zurechtzufinden?»

Mit einem Mal sind die Eltern ganz präsent, und es gelingt ihnen, sich wirklich in ihr Kind hineinzuversetzen: Die meisten wünschen sich für das Kind «ein gutes Selbstwertgefühl» und «Selbstachtung».

Doch wie können Kinder diese Werte erwerben?

Ein Vater: «Ich sag meinem Kind immer wieder, dass es sich auch mal was trauen soll. Aber das nützt nichts.»

Kann es auch nicht, denn Selbstachtung, also die Fähigkeit, sich selbst anzunehmen und zu achten, sich selbst zu schützen und abzugrenzen, sich eigene Fehler zu verzeihen, sich selbst etwas zuzutrauen, wird nicht durch Worte gelernt, sondern am Modell. Bestenfalls an den eigenen Eltern.

WARUM IST SELBSTACHTUNG SO WICHTIG?

Wer ein gesundes Gefühl für sich selbst hat, der hat es nicht nötig, an sich oder an anderen herumzumäkeln. Sondern er kann sich – und andere – annehmen, mit allen Fehlern und Schwächen.

Wer sich selbst achtet, muss auch nicht alles perfekt machen. Er verzeiht sich eigene Fehler und traut sich selbst etwas zu. Und er kann sich schützen und abgrenzen.

DEN KINDERN SELBSTACHTUNG VERMITTELN

Selbstachtung wird durch Vorleben vermittelt. Unverzichtbar ist also, dass Sie als Eltern sich selbst achten und die Führungsrolle in der Familie übernehmen – statt Kinder als «Kumpel» oder «Partner» zu behandeln (siehe auch das Kapitel «Konfliktfähigkeit», S. 59ff.). Doch genau hier hakt es häufig.

WIE SIEHT ES MIT DER ELTERLICHEN SELBSTACHTUNG AUS?

«Im Berufsleben krieg ich es ganz gut hin, mir Respekt zu verschaffen», sagen Eltern, «aber gegenüber den Kindern ist das oft schwierig.» – «Warum?» – «Wir wollen es uns ja mit ihnen nicht verderben. Wir wollen gute Eltern sein», heißt es dann.

Leider führt das Bestreben, eine gute Mutter, ein guter Vater zu sein, oft dazu, dass Kinder viel zu viel gefragt werden: «Magst du dieses oder lieber etwas anderes?» – «Was willst du denn essen, anziehen, kaufen, unternehmen?»

Kinderwünsche werden zur Handlungsanweisung. Viele Eltern bestätigen: «Stimmt. Meistens richten wir uns nach den Kindern. Und trotzdem gibt es dann oft Stress.» Kein Wunder.

SICH NICHT SELBST ZUM SPIELBALL MACHEN

Wer Kindern alles recht machen will, macht sich selbst zum Spielball. Jeder kann beobachten, dass Kinder ständiges Gefragtwerden damit quittieren, dass sie über alles bestimmen wollen. Was Eltern oft in Nöte bringt.

So wie diese Mutter, die in einem Supermarkt mit Schweißperlen im Gesicht vor dem Regal steht, weil die «richtigen» Müsliflocken ausverkauft sind und sie fürchtet, dass ihre Tochter dann beim Frühstück «Terror macht».

Der Trend, den Kindern nur ja alles recht zu machen, bringt im besten Fall die Erkenntnis: Bereits kleine Kinder lernen daraus, wie man Mama und Papa am Nasenring durch die Manege zieht – ohne dass die Kinder dabei «glücklich» wären. Nein, diesen Eindruck machen sie nicht.

UND WENN KINDER AGGRESSIV WERDEN?

Eine der häufigsten elterlichen Klagen lautet: «Unser Kind ist so aggressiv.»

Wir fragen nach: «Schlägt es?» – «Ja.» – «Beißt es, kratzt es? Tritt es?» – «Ja.» – «Auch die Eltern?» – «Nur manchmal», sagt der Vater eines Zweijährigen. Und er beeilt sich hinzuzufügen: «Aber bei uns ist es nicht so schlimm. Wir wollen nur nicht, dass unser Kind andere schlägt.»

Viele Eltern schweigen, wenn ihre Kinder sie attackieren, und geben sich einen falschen Trost: «Uns macht das ja nichts.»

Doch den Kindern macht es etwas, wenn Mama und Papa sich das gefallen lassen. Denn die Eltern sind Vorbilder. Wenn das Vorbild sich selber so wenig achtet, dass es sich schlagen lässt, erleben Kinder es als Opfer. Und als ob sie das nicht wahrhaben wollten, rütteln sie gewissermaßen durch ihr Verhalten immer wieder an den Eltern: «Darf ich das denn? Nun sag doch endlich mal was!»

ELTERN SIND WEGWEISER

Kinder brauchen Eltern, die ihnen als Vorbild und Wegweiser vorangehen und bei Übergriffen sofort Einhalt gebieten. Selbst wenn diese «nur im Spiel» geschehen.

So wie hier, wo ein Dreijähriger, mit einem Grissini bewaffnet, um den Restauranttisch läuft und abwechselnd auf Mama oder Papa einsticht: «Trrr-trrr-trrr, jetzt bist du tot.»

«Aber es spielt doch nur», sagen jene, die beschwichtigen wollen, und übersehen dabei, dass auch ein «spielerisches» Sich-totschießen-Lassen vom eigenen Kind (oder von einem seiner Freunde) mit der Abdankung von der zentralen Aufgabe des Elternseins einhergeht: den Kindern eine klare Werteorientierung zu vermitteln.

GEACHTET WIRD NUR, WER SICH SELBST ACHTET UND WERTSCHÄTZT

Kinder werden niemanden achten, der sich selbst nicht achtet und schützt und abgrenzt. Ein klares «Stopp, das erlaube ich nicht!» ist für sie eine Erlösung, wenn sie zu weit gegangen sind.

«Nun», sagt ein Vater, «das kann ich Ihnen gleich sagen, wie mein Sohn darauf reagiert: Der lacht dann.»

Kennen Sie das auch, liebe Eltern, dass Ihre Kinder Sie nicht ernst nehmen, wenn Sie etwas sagen? Dann nehmen Sie das als Appell, klarer zu kommunizieren. Denn zum Kindsein gehört es auch, auszutesten, ob Erwachsene authentisch sind und zu dem stehen, was sie sagen. Nicht nur mit Worten, sondern mit der gesamten Körpersprache, die ausdrückt: Ich meine, was ich sage!

ZITTERPAPPEL ODER EICHE?

Wenn Sie unentschlossen dastehen, ohne Zutrauen zu sich als Vorbild (‹Huch, hoffentlich versteht mich mein Kind und macht nicht wieder Theater!›), dann kann Ihr Sohn oder Ihre Tochter Sie einfach nicht für voll nehmen.

Versuchen Sie es also einmal anders, wenn Sie dem Kind eine nötige Grenze mitteilen wollen: Statt wie eine Zitterpappel stehen Sie nun ganz aufrecht und präsent. Fest in der Erde wurzelnd wie eine tausendjährige Eiche. Und Sie werden merken, dass Sie sich allein schon durch Ihre aufrechte Haltung kraftvoller fühlen. Sagen Sie in dieser Eichenhaltung Ihrem Kind: «Stopp! Das erlaube ich nicht!»

Und laufen Sie nicht gleich davon, sondern bleiben Sie stehen. Schauen Sie Ihrem Kind fest in die Augen. Und wenn es seinen Kopf wegdreht – was Kinder dann gerne machen, wenn sie so direkt konfrontiert werden –, sagen Sie: «Schau mich bitte an!» Wiederholen Sie das nötigenfalls. Denn nur, wenn Blickkontakt hergestellt ist, wird dem Kind klar, dass Sie auch meinen, was Sie sagen.

SELBSTACHTUNG WAHREN

Auf dem Weg, die Selbstachtung zu wahren, helfen definitiv die fünf A's:[6]

1. *Absolute Aufmerksamkeit.* Kein Multitasking, sondern selbst ganz präsent sein.
2. *Ansprechen mit Namen.* Sprechen Sie das Kind mit seinem Namen an.
3. *Augenkontakt.* Blicken Sie dem Kind in die Augen.
4. *Anfassen und klare Ansage.* Fassen Sie es an und sagen Sie Ihr Anliegen, die Botschaft ganz klar, beispielsweise: «Du schlägst mich nicht!»
   Und wenn das Kind sich trotzdem nicht danach richtet, dann gilt die fünfte Regel:
5. *Am Ball bleiben.* Bleiben Sie standhaft bei Ihrer Ansage, um die es gerade geht: «Ist das klar?»

Sie werden selbst bemerken: Die aufrechte Haltung mit einer klaren Ansage («Bitte nicht in diesem Ton! Ich schreie dich nicht an und du mich auch nicht») ist ein wirksames Stopp-signal gegenüber kindlichen Übergriffen. Es wirkt mehr als tausend Worte. Und ist in der Pubertät ziemlich häufig nötig. Auch das ewige Herummäkeln am Kind entfällt dann.

Natürlich ist das ein ständiger Lernprozess – wie überhaupt das Elternsein immer wieder Gelegenheit bietet, neue Fähigkeiten zu gewinnen.

«WOHER HAT MEIN KIND DAS NUR?»

Diese Frage stellen sich Eltern oft. Viele regen sich über die abfälligen Ausdrücke und Schimpfworte auf, die ihre Kinder ihnen an den Kopf werfen.

Die schon ältere Tochter fragt ihre Mutter: «Hast du schon mal darauf geachtet, wie du mit dir selbst umgehst?» – «Wie meinst du das?» – «Gerade vorhin wieder, als dir was runter-gefallen ist, hast du gesagt: ‹Ach, ich Depp!› Oft sagst du auch noch viel schlimmere Sachen zu dir selbst und machst dich runter.» – «Wirklich? Das ist mir noch gar nicht so aufgefal-len. Danke für den Hinweis.»

Ja, auf dem Weg zur Selbstachtung gilt es, diese erst einmal gegenüber sich selbst zu pflegen.

NEIN SAGEN KÖNNEN

Wenn Sie als Eltern Nein sagen, wo nötig, stärken Sie Ihr Kind
auf dem Weg zur Selbstachtung. Denn so lernt es, selbst Nein
zu sagen, wenn es einmal im Alltag in Not ist, so wie dieser
knapp Fünfjährige.

*Der Junge ist mit seiner Mama auf dem Spielplatz. Dort gibt
es ein kleines Häuschen, in dem er immer gerne spielt. Heute
sind da zwei ältere Buben, die mit Stöcken hantieren. Erst geht
er arglos hinein. Und dann scheuchen sie ihn weg. Der Kleine
rennt los – die Großen hinterher. Die Mutter beobachtet die
Sache aufmerksam, will sich jedoch nicht gleich einmischen.
Und dann sieht sie, wie ihr Sohn sich im Laufen ganz ener-
gisch umdreht, dabei abwehrend die Hand ausstreckt und ruft:
«Stopp! Stopp! Nein!» Da sagt einer der Verfolger: «Komm,
lass ihn!»*

*Später, sodass nur der kleine Held es hören kann, sagt die
Mutter: «Das hast du richtig gut gemacht, wie du dich gerade
verteidigt hast.» Und sie weiß: Von nichts kommt nichts.*

ÜBRIGENS: WAS IST DENN IHR HOBBY?

Geht es Ihnen auch so wie vielen Eltern, die sagen: «Meine
Kinder sind mein Hobby.» Für die Selbstachtung, die Kinder
erwerben sollen, ist das allerdings ziemlich ungünstig. Sie sind
ja individuelle Menschen und nicht zum Vergnügen und Zeit-

vertreib ihrer Eltern da. Kinder wollen ihren eigenen Weg ins Leben suchen und finden. Auch deswegen rufen sie oft so vehement: «Lass mich!», wenn sie ausdrücken wollen: «Sei nicht dauernd wie eine Glucke hinter mir her!»

VERABREDUNG MIT SICH SELBST

Nehmen Sie sich also regelmäßig Zeit für sich. Aktivieren Sie eines Ihrer früheren Hobbys oder suchen Sie sich ein neues und pflegen es mindestens einmal wöchentlich. Und wie wäre es, wenn Sie sich mit sich selbst verabreden würden? Nicht nur ab und zu, sondern als feste Einrichtung im Tagesablauf. Am besten morgens, bevor der Wirbel losgeht. Einfach den Wecker zehn Minuten früher stellen für Ihre «Eigenzeit.» Für Besinnliches oder Bewegung, die einen stärkt und für den Tag erfrischt! Täglich praktiziert, wird es zur guten Gewohnheit.[7]

Stärkend ist auch eine Rückschau am Abend: sich ein positives Ereignis aus dem Tag heraussuchen unter dem Gesichtspunkt «Das ist mir heute gelungen». Sie können es aufschreiben und neben den Nachttisch legen. Wenn Sie es sich am nächsten Morgen noch mal bewusst machen, trägt es dazu bei, den Tag gleich mit Freude zu beginnen.

Indem Eltern sich selbst gegenüber achtsam sind, ist der Grundstein gelegt, Kindern ein gutes Selbstwertgefühl, wirkliche Selbstachtung zu vermitteln. Dann haben Kinder ein authentisches Vorbild.

MITGEFÜHL

Mama liegt stark erkältet und in Decken eingehüllt auf dem Wohnzimmersofa. Es ist keiner da, der ihr ihre lebhaften Buben abnehmen kann. Also bittet sie die Drei- und Fünfjährigen, heute ganz besonders leise zu spielen. Und tatsächlich, das klappt nicht nur, sondern die Kinder zeigen ihre zauberhaftesten Seiten. Sie spielen ganz vertieft und ohne Streit und Lärm. Ab und zu kommt einer der zwei Jungen und streichelt seine Mama. Gibt ihr ein Bussi oder bringt ihr sein Lieblingskuscheltier. «Ich beschütz dich», sagt der Fünfjährige.

Sind das nun besondere Kinder? «Nein, ganz normal», sagen die Eltern, «aber manchmal, wenn es drauf ankommt, dann ist so was möglich.»

MITKRIEGEN, WIE ES DEM ANDEREN GEHT

In jedem Kind schlummert das Talent mitzufühlen, zu spüren, wie es dem anderen geht, und entsprechend zu reagieren. Dies wird durch die sogenannten Spiegelneuronen[8] im Gehirn bewirkt.

Wie sich zeigt, ist es allerdings notwendig, sie zu trainieren und zu verstärken. Denn obwohl jeder mit solchen Spiegelneuronen ausgestattet ist, kann die natürliche Fähigkeit zum Mitfühlen auch abhandenkommen. Landauf, landab berichten Lehrer, wie auf den Schulhöfen selbst dann noch auf den Gegner eingeprügelt wird, wenn dieser längst am Boden liegt. «Die haben heute kein Mitleid mehr», sagt ein erfahrener Pädagoge.

Wie kann das Mitfühlen gepflegt, gestärkt und geübt werden?

Die wichtigsten Vermittler sind auch hier die ganz naheste-
henden Erwachsenen, die sich selbst teilnehmend verhalten,
die mitempfinden und Schmerz und Freude spiegeln können –
denn Kinder nehmen sehr genau wahr, was Eltern, Bezugspersonen und Erzieher vorleben und ob sie überhaupt fähig
sind zu fühlen. Der ganz normale Alltag ist praktisch voller
Gelegenheiten dazu.

Das geht schon damit los, die Gefühle der Kinder überhaupt ernst zu nehmen.

Darf Ihr Kind Gefühle zeigen?

Darf Ihr Kind Gefühle zeigen? Oder hätten Sie es gern mu-
tiger, draufgängerischer? Wie ist das beispielsweise, wenn ein
kleines Kind vor der Spritze beim Doktor Angst hat und die Erwachsenen beschwichtigen: «Das ist doch gar nicht schlimm»,
das Kind aber eine gegenteilige Erfahrung macht? Wie ist es,
wenn der beste Freund wegzieht und die Eltern ihre Tochter
oder ihren Sohn mit der Bemerkung «Es gibt ja noch so viele
andere nette Kinder» beruhigen wollen? Oder wie ist es, wenn
das Meerschweinchen sein Leben ausgehaucht hat und die Eltern sagen: «Ach, das macht nichts, wir kaufen dir einfach ein
neues.»

SICH EINFÜHLEN UND DAS SPIEGELN

Ein Kind erlebt viele kummervolle Situationen. Sein Mitgefühl reift daran, dass Erwachsene auf seine Gefühle eingehen. Wenden Sie sich ihm also direkt zu, wenn es Kummer hat. Nehmen Sie es in Ihre Arme und seien Sie ehrlich: «Ja, der Pikser tut jetzt weh.» Und geben Sie körperlich Halt und Trost: «Aber ich bin da. Und ich halte dich.»

Oder wenn das Kind bedrückt ist, weil der beste Freund weit weg zieht: Versuchen Sie nachzufühlen, wie das ist. «Ja, ich kann mir so gut vorstellen, dass du traurig bist, dass dein liebster Freund jetzt so weit weg wohnt.»

Oder wenn das Meerschweinchen gestorben ist: Ersetzen Sie es nicht sogleich durch ein anderes, wenn das Kind doch gerade diesem einen nachtrauert. Sondern zeigen Sie Verständnis. «Ja, das war wirklich ein einzigartiges Meerschweinchen, und wir machen ihm sein eigenes kleines Grab und verabschieden uns von ihm.»

MITFÜHLEN KANN NUR DER MENSCH

… und kein anderes Geschöpf auf der Erde. Und doch ist Mitfühlenkönnen eine Kulturleistung, die erlernt werden muss. Denn ohne Mitgefühl wäre das Leben auf der Erde öde und trostlos. – Ihr Vorbild als Eltern wirkt. Zeigen Sie selbst Mitgefühl, so lernen auch die Kinder, selbst mitzufühlen und auf andere einzugehen.

FÜHLEN, WAS DER ANDERE FÜHLT

Wie reagieren wir, wenn ein Kind ein anderes schlägt oder ihm auf andere Weise tätlich zu Leibe rückt? Häufig treten Erwachsene dann als Richter auf. Sie fragen: «Wer war das? Wer hat angefangen?» Oder sie strafen. Oft auch ungerecht, weil sie beispielsweise nur das schlagende Kind ertappt haben und ihnen entgangen ist, wie das andere Kind vorher provoziert hat.

Was also tun?

Raus aus dieser Falle der Ungerechtigkeit geht es zunächst einmal mit einem beherzten Zuruf: «Stopp, es wird nicht geschlagen!»

ANLEITEN ZUM WIEDERGUTMACHEN

Dann sollte man sich den beiden Beteiligten zuwenden, beide berühren und sich erst dem Kind, das verhauen wurde, widmen. Man kann etwa bestätigen: «Aua, das hat wehgetan!» Und dann kann man zu dem Kind sagen, das beim Schlagen ertappt wurde: «Komm, wir pusten das Aua weg, das du dem anderen zugefügt hast.» Doch dann sollte man nicht nur beim Sprechen bleiben, sondern es auch wirklich tun!

Meistens ist die Sache danach erledigt. Und die Kinder haben durch das mitfühlende Vorbild gelernt: Es ist auch möglich, etwas wiedergutzumachen.

Was tun, wenn ein Kind übergriffig wird?

Und wie reagieren wir, wenn das eigene Kind im öffentlichen Raum übergriffig wird? Sehen wir uns dazu das folgende Beispiel an:

Ein Siebenjähriger ist an einem Sommernachmittag mit seinem Vater an einem Badesee. Irgendwann hebt er unvermittelt einen Stein auf und wirft ihn in eine Familie, die auf dem nahen Holzsteg sitzt. «Hey!», ruft der Familienvater dem Jungen zu, «lass das bitte! Du hast fast jemanden getroffen!» Der Vater des Jungen bleibt bäuchlings in seiner Ruheposition liegen und raunt seinem Sohn zu: «Geh rüber und entschuldige dich.» Das macht der Junge. Er entringt sich völlig teilnahmslos und ohne Blickkontakt ein «Tschuldigung». Und trollt sich.

Er hat die Floskel heruntergeleiert, jedoch für den Erwerb von Mitgefühl nichts gelernt.

So ist es immer, wenn die Kinder bloß «Tschuldigung» sagen sollen. Da ist überhaupt kein Mitgefühl rege. Beobachten Sie das doch mal.

Kinder brauchen Erwachsene, die ihnen helfen, aus einem Fehler etwas zu lernen. Wichtig wäre, dass der Vater des Jungen sofort seine Komfortzone verlässt und Betroffenheit zeigt und spiegelt. Die ja auch angebracht ist. Spätestens jetzt sollte er seinem Kind beibringen, wie es geht, anteilnehmend statt oberflächlich zu sein. Er sollte ihm zeigen, wie es geht, wenn er sich entschuldigt und sagt «Es tut mir leid, dass das passiert ist» und dabei dem Gegenüber mit festem Blick in die Augen schaut.

Weiter wäre es seitens der Eltern wichtig, das Kind beiseitezunehmen und – unter vier Augen – an sein Gefühl zu appellieren: «Wie würdest du dich fühlen, wenn einfach jemand einen Stein auf dich schmeißen würde?» Und wenn das Kind abwehrend sagt: «Weiß ich nicht», dann ist es nötig nachzuhaken: «Überleg doch mal!» Und wirklich im Gespräch zu bleiben!

Auslachen unterbinden

Das haben die Eltern in dem folgenden Beispiel glücklicherweise sofort getan.

Als sie eines Tages mit ihren Kindern unterwegs sind, ruft eines: «Schau mal, der komische Mann da!» Und dabei fangen die Kinder lauthals an zu lachen.

Die Eltern bleiben augenblicklich stehen und sagen – so, dass es nur die Kinder hören können: «Da gibt es überhaupt nichts zu lachen, nur weil jemand anders aussieht! Was glaubt ihr, warum der Mann nur ein Bein hat? Vielleicht hatte er einen schweren Unfall und dadurch sein Bein verloren. Deshalb braucht er jetzt zwei Krücken, damit er trotzdem laufen kann und nicht nur zu Hause im Sessel sitzen muss. Das ist sehr mutig von dem Mann und gar nicht lustig.»

Der Ältere hat sich die elterliche Reaktion offensichtlich zu Herzen genommen. Später sagt er unvermittelt am Esstisch: «Das war gar nicht ich, der vorhin gelacht hat, das war nur so was in mir drinnen, ich wollte das gar nicht.»

MITFÜHLEN KÖNNEN – EIN ZENTRALER WERT

Mitfühlen, was der andere fühlt, das ist eine wesentliche Erziehungsaufgabe. Denn Mitgefühl ist ein zentraler Wert, der menschliches Miteinander überhaupt erst lebenswert macht. Für die seelische Gesundheit der Kinder ist es wichtig, in jeder einzelnen Familie, in jeder Erziehungsgemeinschaft ein mitfühlendes Verhalten zu pflegen. Gerade weil das, was Kindern im Alltag begegnet, oft genau das Gegenteil provoziert.

STELLUNG BEZIEHEN

Stellung zu beziehen ist heute unbedingt nötig, wo Kinder von allen Seiten mit groben Negativbildern konfrontiert werden, die mit Mitgefühl nichts am Hut haben.

«Was ist das?», fragt ein Kind, als es mit den Eltern die Filiale eines großen Lebensmittelmarktes betritt und gleich bemerkt, dass direkt am Eingang eine überlebensgroße Pappfigur mit Schießgerät genau in Kinderaugenhöhe steht. Die Eltern haben die Figur zuerst gar nicht bemerkt. Jetzt sind sie entsetzt.

*Papa fasst sich am ehesten wieder und sagt: «Ich finde den
ekelhaft. Wir wollen doch hier Essen kaufen. Und das machen
wir jetzt auch.»*

Vielleicht gibt es bessere Antworten – doch hier hat der Vater wenigstens kurz, knapp und klar seine Meinung geäußert.
Darauf kommt es an. Wir können die Gegebenheiten nicht
ändern. Aber Stellung beziehen, das können wir.

Mehr Mitgefühl in der Gesellschaft
beginnt bei einem selbst

Mehr Mitgefühl in der Gesellschaft beginnt damit, dass wir
uns immer wieder bewusst machen, wie stark sich das über-
trägt, was wir als Vorbild von uns geben. Kinder spiegeln uns.
Der Weg zu mehr Mitgefühl in unserem Alltag fängt schon
da an, wo wir als Erwachsene uns immer wieder neu vorneh-
men, auf Lästereien zu verzichten. Gemeint sind diese kleinen,
unachtsamen Äußerungen über das, was der Nachbar oder
sonst jemand wieder falsch gemacht hat, wie er schaut, wie er
sich verhält.

Denn alles Negative, was wir äußern, wirkt auf die Kinder, auf uns selbst, auf die Umgebung. Auf dem Weg zu mehr
Mitgefühl geht es für jeden Erziehenden darum, den Fokus
auf das Positive zu lenken, auf das, was jemand gut gemacht
hat – und es überhaupt entdecken zu wollen. Und es dann auch
mitzuteilen.

Ein hilfreicher und lebenspraktischer Weg, um Positivität im Alltag zu üben, ist die «Positivitätsübung», die Rudolf Steiner in den sogenannten «Nebenübungen»[9] beschreibt.

Darüber hinaus ist größte Wachheit gegenüber den Medien angesagt – generell – und auch speziell da, wo Menschen in Fernsehsendungen oft physische Schmerzen zu Unterhaltungszwecken zugefügt werden. «Und dass das etwas macht mit den Zuschauern, ist harte Realität.»[10] Es zerstört das natürliche menschliche Mitgefühl.

Und es ist wichtig, dass wir mitfühlen. Denn unser Vorbild wirkt. Natürlich wirken auch die Bilder, die wir an die Kinder herantragen, etwa durch einfühlsame Geschichten oder Märchen.

GESCHICHTEN ODER MÄRCHEN

Erzählen Sie oder lesen Sie persönlich vor. Statt elektronische Geräte ablaufen zu lassen, da diese nicht auf die Gefühle der Kinder eingehen können.

Oft kommt hier von den Eltern der Einwand: «Aber mein Kind will immer ganz viele Geschichten.» Dann sagen Sie ihm: «Heute gibt es mal nur *eine* Geschichte.» Und erzählen sie diese Geschichte inniger. Lassen Sie Ihr Herz dabei sein. Fühlen Sie mit dem mit, was Sie vorlesen. Stellen Sie immer wieder Blickkontakt zum Kind her. Machen Sie Pausen, damit Ihr Kind auch mal etwas sagen oder fragen kann.

Und Sie werden bemerken, dass eine Gefühlsbrücke zum

Kind entsteht. So wird aus dem Geschichtenerzählen dann nicht nur eine Pflichtübung, sondern es beseelt auch Sie selbst. Und wenn das Kind gleich die nächste Geschichte verlangt, dann war es vielleicht mit seinem Gefühl gar nicht richtig dabei. Das wird sich gleich zeigen, wenn Sie ihm ein ein paar Fragen stellen: «Was kam da jetzt eigentlich alles vor?» Und beziehen Sie das Kind mit ein: «Weißt du das noch? Und erinnerst du dich, was der gemacht hat? Und was war da noch?»

So kommen Sie in ein schönes Gespräch miteinander. Und die Geschichte wird noch einmal lebendig. Denn nicht die Masse macht's, sondern die Qualität. Lassen Sie sich also nicht antreiben, immer noch und noch eine Geschichte zu erzählen. Und lassen Sie das Kind die Geschichte auch malen. Das verinnerlicht, und es hilft, sich mit dem Gehörten zu verbinden.

GRIMMS MÄRCHEN

Erzählen Sie Grimms Märchen.[11] Und erzählen Sie diese vollständig. Viele Eltern zweifeln an diesem Punkt, ob sie die «Grausamkeiten» der Märchen auch erzählen können, und übergehen die «schlimmen Stellen», wie eine Mutter sagt.

Da die Mutter Rotkäppchen «zu brutal» findet, erzählt sie es geschönt. Die Großmutter weiß davon nichts. Sie erzählt das Märchen vollständig, ohne Zensur. Das nächste Mal, als die Mutter wieder Rotkäppchen vorlesen will, sagt ihr Kind gleich: «Aber richtig erzählen. So wie es in echt steht.»[12]

Lassen Sie also nichts weg. Beschönigen Sie nichts. Und erzählen Sie selber. Die echte menschliche Stimme, die erzählt, ist ein größeres Geschenk an Ihre Kinder als so manches andere. All die Nöte, Hoffnungen und Wünsche der zentralen Gestalten sind eine Reise durch die Welt der Gefühle. Kinder fiebern mit, wenn es dann auf und ab geht, bis schließlich alles gut ausgeht – und fühlen mit der Seite des Guten, die schließlich erlöst wird. Darum sind echte Volksmärchen so wichtig.

HELDENTATEN

Haben Sie auch schon bemerkt, wie Ihre Kinder förmlich aufatmen, wenn in einer Geschichte letztlich der Held oder die Heldin siegt? Und wie sie immer wieder davon sprechen wollen, wie sie nachfragen und es nachspielen? Das bewegt Kinderseelen.

Und es bewegt auch diesen Viereinhalbjährigen, der beim Spaziergang durch ein Waldstück unermüdlich davon spricht, was dann ist, «wenn die Hexe kommt». – «Dann», so sagt er eifrig, «dann schmeiß ich sie da runter.» Und er holt sich einen Stock und stößt die imaginäre Hexe weg. Unten fließt ein Bächlein vorbei. «Und dann fällt die in den Bach, gell? Und dann kann die nicht mehr raus.» – «Nein, dann kann sie nicht mehr raus.»

Der Kleine wirkt tief befriedigt, wenn er dabei spürt: Ich selber kann es tun – ich kann das Böse besiegen. Das wollen Kinder.

KONFLIKTFÄHIGKEIT

«Wer ist denn bei Ihnen zu Hause der Chef?» Auf diese Frage antwortet ein Vater in einer Elternrunde blitzartig: «Ich bin's nicht.» Alle lachen.

Doch den meisten geht es ähnlich: Sie wollen sich lieber als Freunde ihrer Kinder verstehen und haben das Bestreben, ihnen alles recht zu machen. «Ich will, dass mein Kind mich mag.»

Das ist oft gleichbedeutend mit der Einstellung: Bitte keine Konflikte! Doch damit werden sie geradezu eingeladen.

NACHGEBEN, WENN DAS KIND FRUSTRIERT IST?

Konflikte entstehen besonders dann, wenn sich Eltern uneinig sind. So wie hier:

Mama und Papa sitzen mit ihrer Tochter in einem Bahnabteil. Da fängt das Kind an, mit seinen Schuhen den gegenüberliegenden Sitz zu bearbeiten.

Papa sagt: «Tu bitte die Schuhe runter.» Als die Kleine nicht reagiert, wiederholt er den Satz – und sie weint sofort herzzerreißend.

Und schon ist ihre Mama zur Stelle. Sie streicht ihr über den Rücken und «tröstet» sie: «Das war doch nicht so gemeint.» Das Kind schluchzt noch ein paar Mal. Dann macht es das Gleiche wie zuvor.

Und der Vater? Der sagt nichts mehr.

Der Vater ist ausgebootet. Seine Frau stellt die Laune des Kindes über sein Wort. Und wenn ihm so etwas öfter widerfährt, kriegt er kein Bein mehr in die Erziehung. Genauso wäre es natürlich bei umgekehrten Rollen.

ELTERN SOLLTEN AN EINEM STRANG ZIEHEN

… und in wichtigen Erziehungsfragen übereinstimmen. Wo jedoch einer hü sagt und der andere hott, lernt das Kind, das sich mittels Gezeter durchgesetzt hat: ‹Wenn ich Theater mache, kriege ich Aufmerksamkeit. Und ich werde sogar noch gestreichelt. Und am Schluss macht Mama oder Papa ganz bestimmt, was ich will.›

Das schadet dem Familienfrieden. Und es schadet dem Kind. Wer ihm «alles recht machen» will, bringt ihm ein völlig unsoziales, egoistisches Verhalten bei, mit dem es überall aneckt.

So wundert es dann nicht, dass viele Eltern heute klagen: «Unser Kind will ständig, dass alle nach seiner Pfeife tanzen. Und wehe, wenn nicht, dann rastet es gleich aus.»

Auf die Frage «Was machen Sie dann?» antwortet eine Mutter: «Meistens geben wir nach. Wir dachten ja anfangs noch, dass sich das schon irgendwie auswächst. Aber seitdem unser Kind in der Schule ist und der Lehrer sich bei uns beschwert hat, dass es mit ihm dauernd Konflikte gibt, wollen wir wissen, wie wir das abstellen können.»

KONFLIKTE ABSTELLEN?

Abstellen? Am Kind lässt sich nichts abstellen, da es ja keine Maschine ist. Das Einzige, was wirklich hilft: als Eltern das Steuer in die Hand nehmen und Kinder erziehen. Beim Autofahren klappt es ja auch.

BEIM AUTOFAHREN KLAPPT ES JA AUCH

… da lässt kein Erwachsener sein Kind ran, sondern sitzt selbst am Steuer. Kein Brüllen, kein Auf-den-Boden-Schmeißen oder sonstiges Theater könnte ihn dazu bringen, das Kind fahren zu lassen. Hier haben alle Eltern klare Regeln, die sie auch durchsetzen. Und genau das braucht es auch im Erziehungsalltag.

KLARE ROLLENVERTEILUNG

Konfliktvermeidend ist also eine klare Rollenverteilung: Eltern sind die Chefs – und nicht das Kind.

Eine Mutter ruckelt auf ihrem Sitz hin und her: «Chef», sagt sie, «das klingt so blöd. Ich mag kein Chef sein.» Aber am Wort liegt es nicht, sondern daran, dass derjenige der Bestimmer ist, der Verantwortung übernehmen kann. Und das können nur die Eltern. «Bestimmer», sagt die Mutter. «Ja, das klingt schon besser. Dann bin ich lieber ein Bestimmer.»

Wie auch immer Sie sich nennen, liebe Eltern, wichtig

ist, dass Sie Ihren Kindern Orientierung geben und nicht umgekehrt. Bei dem Beispiel mit den Schuhen braucht es ganz einfach nur eine klare Ansage: «Bitte nimm die Schuhe vom Sitz!» Das ist eine wichtige soziale Regel.

Und wenn das Kind schreit und es nicht tut? Dann gilt es, mithilfe der fünf A's glaubwürdig zu bleiben, statt nachzugeben (siehe auch S. 37f., «Zitterpappel oder Eiche?»).

KLARE REGELN UND ABSPRACHEN

Viele alltägliche Konflikte lassen sich vermeiden, wenn es für Situationen, die bisher immer schwierig sind, klare Absprachen und Regeln gibt, zum Beispiel für die Essenssituation. Setzen Sie sich mit Ihrem Partner einmal in Ruhe zusammen und überlegen Sie, welche Regeln es in der Familie geben soll: Was soll bei uns
– wann
– wie
– wo gelten?

Bewährt hat es sich, die Regeln aufeinander abzustimmen – denn schließlich kommt es darauf an, dass beide Elternteile an einem Strang ziehen.

Nun gilt es, den Kindern die jeweiligen Regeln rechtzeitig mitzuteilen und sie unermüdlich zu wiederholen, damit sie eingeübt werden können. Und natürlich, sie auch selbst einzuhalten.

IST DIE REGEL AUCH WASSERDICHT?

Kinder wären keine Kinder, wenn sie nicht immer wieder ausprobieren würden, ob eine Regel auch wirklich gilt.

Es ist nach dem Abendessen und schon aufgeräumt. Da kommt Klara zu ihrem Papa und fragt ihn: «Darf ich noch bisschen spielen?» Papa kennt das schon. Er fragt zurück: «Und, was hat Mama gesagt?» Klara dreht ihren Kopf weg. Papa muss schmunzeln, als sich herausstellt, dass Klara kurz vorher von ihrer Mama zum Zähneputzen gerufen worden ist.

Mit der neutralen Frage «Und, was hat Mama (oder Papa) gesagt?» lässt sich verhindern, dass Kinder die Eltern untereinander ausspielen und in Konflikte bringen.

NEIN SAGEN, WO ES NÖTIG IST

Sagen Sie Nein, wo die Situation es erfordert. Das Neinsagen muss man durchaus üben. Macht also Ihr Kind beim nächsten Mal Stress, weil es etwas unbedingt sofort möchte, was es nicht haben soll, dann zeigen Sie sich konfliktfähig und sagen beherzt: «Nein, das erlaube ich nicht.» Und wenn das Kind dann protestiert: «Will ich aber»? Dann ist eine gute Antwort etwa: «Mag sein. Und ich hab Nein gesagt, dabei bleibt es.»

Dass Kinder widersprechen, ist ganz normal. Denn sie wollen austesten, ob Sie als Eltern auch glaubhaft sind.

STANDHAFTIGKEIT STATT FALSCHES TRÖSTEN

Halten Sie es also aus, wenn Ihre Tochter oder Ihr Sohn dann wütend wird. Und bleiben Sie klar in Ihrer Haltung: «Ich meine, was ich sage.»

Damit ermöglichen Sie dem Kind die Erfahrung, mit der Enttäuschung fertig zu werden, andere zu respektieren und sich selbst zu regulieren. Das kann ihm keiner abnehmen. Gönnen Sie ihm also den Frust. Der Einwand «Das ist aber herzlos, ich kann doch mein Kind nicht weinen lassen» zeigt genau die Falle, in die sich Eltern häufig selbst bringen. Sie wollen das Geschrei «abstellen» und geben nach. Der Auseinandersetzung wird ausgewichen, und die Reibung fehlt. Doch sie ist nötig. Denn wo Reibung ist, da ist Wärme und Kontakt.

REIBUNG IST NÖTIG

Da sind Sie auch wirklich mit Ihrem Kind in Kontakt. Damit geben Sie ihm Halt und Sicherheit. Und es kann sich emotional weiterentwickeln – statt dann noch bis ins Schulalter und darüber hinaus auf Kleinkindniveau herumzutrotzen.

Es ist einfach eine Tatsache, dass jene Menschen leichter im Leben zurechtkommen, die von klein auf gelernt haben, dass nicht alles nach eigenen Vorstellungen laufen kann. Sie helfen Ihren Kindern, liebe Eltern, wenn Sie ihnen diese Erfahrung nicht vorenthalten.

So sagte beispielsweise ein Vater, der seinem Sohn etwas nicht erlauben wollte, zu ihm: «Ich sage Nein, weil ich dich liebe, und ich nehme den Streit mit dir in Kauf. Wenn du mir egal wärst, könnte ich darauf verzichten und mir einen schönen Tag machen.»

KEINER KANN IMMER GEWINNEN

Auch bei gemeinsamen Spielen ist es keine gute Idee, Kinder dauernd gewinnen zu lassen, denn das ist völlig weltfremd.

Ein Vater bestätigt: «Immer hab ich unseren Sohn gewinnen lassen, bis mich mal ein Freund darauf aufmerksam machte, dass Kinder dann ein völlig falsches Weltbild bekommen und meinen, sie hätten ein Dauerabonnement auf Erfolg. Bei uns war das auch schon ein bisschen so. Also bin ich bei unserem nächsten Wettrennen extra mal schneller gelaufen als mein Sohn. Da ist er total durchgedreht. Ich habe ihm dann nur gesagt: ‹Keiner kann immer gewinnen.›»

FEHLBAR SEIN UND DAZU STEHEN

… denn niemand ist unfehlbar. Fehler sind normal. Sie sind menschlich und auch lehrreich.

Fehler passieren jedem von uns. Sie sind die Chance, sich weiterzuentwickeln. Wer konfliktfähig ist, gibt Fehler zu. Das ist ein großes Ziel. Und wenn es gelingt, entspannt sich sofort die Stimmung. Beobachten Sie das mal.

Es ist eine große Geste, wenn Eltern dem Partner oder einem Kind gegenüber zugeben können: «Da hab' ich überreagiert. Ich habe in der Situation wirklich etwas sehr Dummes gesagt.» – «Das war unfair von mir.» Und dies unbedingt mit offenem Blick in die Augen des Gegenübers: «Bitte entschuldige. Das tut mir wirklich leid.» Das wirkt heilsam, und es entsteht wieder Nähe.

VERSÖHNLICHER ABSCHIED

Konfliktgefahr herrscht oft gerade morgens, etwa wenn Kinder trödeln. Ein unbedachtes Wort und schnell kocht der Ärger hoch – oder brennt gar die Sicherung durch. Wie bei dieser Mutter: «Mein Kind wollte sich nicht anziehen, da hab ich es im Pyjama in den Kindergarten gebracht.» Klar ist, dass dieses Kind, das so vor anderen bloßgestellt ist, in seiner Würde zutiefst verletzt ist.

Wenn Sie als Eltern einmal an einem derartigen Tiefpunkt sind, dass Sie nicht weiterwissen, hilft diese «Erste-Hilfe»-Maßnahme: «Moment, ich komm gleich wieder!» Verlassen Sie sofort den Konfliktort. Das bewahrt Sie davor, überzureagieren und etwas zu tun oder zu sagen, was Ihnen nachher leidtut. Trinken Sie ein Glas Wasser. Spüren Sie Ihre Fußsohlen. Atmen Sie tief durch. Ein bis zwei Minuten. Erfrischt sagen Sie Ihrem Kind nun noch einmal kurz, knapp, klar: «Das erwarte ich. Das machst du jetzt bitte.» Rennen Sie nun nicht gleich wieder weg. Bleiben Sie dicht beim Kind. So hat es Rückhalt. Und: Vergessen Sie nicht den Humor (siehe Seite 149ff.).

Ein achtsamer morgendlicher Abschied ist ein wertvolles Ziel, gerade wenn es morgens Ärger gegeben hat. Schließlich sieht man einander den ganzen Tag nicht – und keiner kann sich richtig konzentrieren, wenn man sich in Stress und Streit trennt. Oft sagen Eltern: «In der Arbeit brauch ich erst mal eine Stunde, bis ich runtergekommen bin.»

Den Kindern wird es nicht besser gehen. Und bei ihnen – egal, wie alt sie sind – nagt dann schnell das Gefühl: ‹Keiner hat mich lieb.› Beim Abschied aus dem Haus sollte Schluss sein mit dem Streit. Da brauchen Kinder die Segenswünsche der Eltern mit auf ihren Weg, sodass sie spüren: ‹Es ging vorhin nur um das, was du getan hast. Nicht um dich. Ich habe dich lieb.›

Auch vor dem Schlafengehen ist es wichtig, Frieden zu schließen. Selbst wenn eine Auseinandersetzung noch so heftig war, werden Kinder auch einen guten Vorsatz mit in die Nacht nehmen, wenn Eltern sagen: «Heute ist vorbei. Und morgen kannst du das besser machen. Schlaf gut. Mama (oder Papa) liebt dich.» Kinder können es gar nicht oft genug hören, dass sie geliebt sind. Trotz allem.

Wo Eltern also das Ruder in die Hand nehmen und sich selbst echt und menschlich und lernfähig zeigen, da können sie definitiv aus der Konfliktzone von Rechthaberei, Perfektionismus und Verhärtung herausführen. Denn wirksamer als alle Worte und Ermahnungen ist das, was vorgelebt wird.

EIGENSTÄNDIGKEIT

«Unser Leon trödelt morgens immer so herum. Jetzt mussten wir schon zum dritten Mal in der Schule anrufen, dass er eine halbe Stunde zu spät kommt», sagen die Eltern eines Zehnjährigen.

Doch halt! Mussten die Eltern das wirklich tun? Ist es die Aufgabe von Müttern und Vätern, ihren Kindern alles abzunehmen, was irgendwie anstrengend sein könnte? Muss ihnen dauernd geholfen werden? Im Gegenteil, denn Kinder wollen Selberkönner sein.

KINDER WOLLEN SELBERKÖNNER SEIN

Sie sind von klein auf dazu veranlagt, Dinge selbst zu meistern. Doch wie oft werden sie in ihrer Tatenfreude ausgebremst!

So wie dieses sechsmonatige Baby, das sich auf einer Decke am Boden befindet. Gerade versucht es, ein unweit liegendes Spielzeug zu erreichen. Es reckt sich und streckt sich und konzentriert sich. Es ist schon fast am Ziel. Aber ach ... Mama ist flinker und gibt es ihm «schnell».

Und wenn man sie fragt, warum sie das macht, sagt sie: «Ich habe es ja nur gut gemeint.»

Kennen Sie das, dass Sie Ihrem Kind «schnell helfen» wollen und ihm Anstrengungen abnehmen? Und geht es Ihnen dann auch so wie dieser Mutter, die es ja nur gut gemeint hat?

GUT GEMEINT IST NICHT GUT GETAN

Natürlich können Sie Dinge schneller und perfekter erledigen. Und gewiss können Sie beim Spielen Gegenstände rascher erreichen und höhere Türme bauen. Und selbstverständlich geht es flotter mit der Haus- und Küchenarbeit oder mit dem Anziehen, wenn Sie es selbst tun. Doch das ist zum Nachteil der Kinder, da sie daran gehindert werden, sich altersgemäß zu entwickeln und Alltagsgeschicklichkeit zu erwerben.

Davon sind viele Kinder betroffen.

ÜBERVERSORGUNG HINDERT KINDER, EIGENSTÄNDIG ZU WERDEN

Heute sind viele Vier- oder Fünfjährige und auch ältere Kinder noch nicht in der Lage, sich selbst anzukleiden oder die Schuhe anzuziehen. Dreijährige werden häufig noch im Kinderwagen kutschiert. Die Hausaufgaben werden von den Eltern gemacht. Zwölfjährigen wird noch das Pausenbrot gerichtet oder die Schultasche gepackt.

Auf die Frage «Warum machen Sie das?» sagen Mütter und Väter: «Dann geht es schneller.» Doch das hat einen hohen Preis! Denn wenn Eltern ihren Kindern alles abnehmen, weil es «schneller, praktischer, bequemer» ist, dann werden diese bequem – und können nicht lernen, sich altersgemäß zu entwickeln. Dabei lieben sie es, sich einzubringen und mitzuwirken.

KINDER HELFEN GERNE MIT

So wie dieser Vierjährige. Die Großeltern holen ihn vom Kindergarten ab. «Ich hab Bauchweh!», klagt der Kleine. – «Oh, dann gehen wir am besten gleich heim, denn wenn man Bauchweh hat, hilft am besten Apfelkompott», sagt die Großmutter.

Zu Hause werden erst die Hände gewaschen. Dann zieht sich die Großmutter eine Schürze an. Auch das Kind bekommt eine. Und schon geht's los: Großmutter schält und entkernt die Äpfel, der Kleine steht auf einem Schemel neben ihr. Er hat ein Brettchen vor sich und ein Messer und darf nun die Apfelviertel klein schneiden und in den Topf geben. Er ist innig bei der Sache.

«Gut machst du das!», lobt ihn die Großmutter. «Darfst du zu Hause auch mithelfen?» – «Nein. Die lassen mich nicht!», sagt er.

ZUTRAUEN UND ERMUTIGUNG

Kinder haben von klein auf eine natürliche Tatenfreude, die sich entfalten will. Dafür brauchen sie Ermutigung und Zutrauen: «Mach es selber, das kannst du jetzt schon!»

Nur durch Selbertun können Kinder Fähigkeiten gewinnen.

Wie ist es denn bei Ihnen, liebe Eltern? Was trauen Sie Ihrem Kind zu? Zu welchen Eigenleistungen ermutigen Sie es? Hat es soziale Aufgaben wie etwa das Mithelfen im Haus-

halt? Oder sagen Sie auch wie so viele: «Ja, ab und zu macht
es mit – wenn es Lust hat»? Unterschätzen Sie Ihr Kind nicht,
und unterstützen Sie es in seinem Tun.

KINDER WOLLEN GEBRAUCHT WERDEN

Oft sind Kinder gerade deswegen schwierig, weil sie unausge-
lastet sind, sich nicht gebraucht fühlen.

*So beklagt sich beispielsweise ein Elternpaar, dass ihr Vierjäh-
riger bei der Abendbrotzeit am Esstisch herumzappelt und Sachen runterwirft, sobald er mit dem Essen fertig ist. Die Frage,
ob er seine Brote selbst streicht, verneinen die Eltern. «Warum
nicht?» – «Stimmt, das könnte er eigentlich!», sagen sie. Und
wenige Tage später vermelden sie: «Das war die Idee! Seitdem
unser Benni sich seine Brote selbst macht, ist er so beschäftigt
und das Theater beim Essen ist vorbei.»*

Und noch etwas: Das Essen hat dann einen ganz anderen
«Wert» – meist hört das Nörgeln daran auch auf.

«ALLEINE!»

Mit diesem ersten Einwortsatz bekunden Kinder bereits ab
dem zweiten Lebensjahr sehr vehement, dass sie etwas selbst
bewältigen wollen. Es sind ja nur wenige Minuten, die es

länger dauert, wenn Sie Ihr Kind beim Anziehen ermutigen: «Du darfst den Anfang machen – ich mach den Rest.» Nehmen Sie sich dieses bisschen Zeit, denn wo dieser kindliche Wille, etwas allein zu machen, überhört wird, vergeht er auch recht bald.

Gönnen Sie den Kleinsten die Freude mitzumachen, wenn Sie wischen, kehren oder die Waschmaschine ein- und ausräumen. Schenken Sie ihnen Ermutigungssignale wie Anlächeln oder freundliches Zunicken. Das bestärkt sie auf dem Weg, selbst etwas zu schaffen und sich als wichtig zu erleben. Und das brauchen Kinder in jedem Alter!

Tue nichts für dein Kind, was es selbst tun kann

Kinder brauchen soziale Aufgaben, die regelmäßig zu erledigen sind: etwa in der Küche mithelfen, den Tisch decken und abräumen – nicht nur den eigenen Teller, wie es oft gehandhabt wird, sondern so, dass *alle* zusammenhelfen, bis *alles* abgeräumt ist.

Es gibt auch weitere Haushaltsarbeiten, die Sie gut mit Ihren Kindern erledigen können: die Bettwäsche zuknöpfen, die Socken sortieren, den Knopf annähen, die Blumen gießen, die Schuhe putzen und vieles mehr. Der beste Weg, Eigenständigkeit zu fördern, ist es, Kindern Aufgaben im Alltag zu übertragen, die sie regelmäßig zu erledigen haben.

Regelmässige Aufgaben an der Pinnwand

Damit das auch klappt, schreiben Sie die Aufgaben auf ein Blatt Papier und heften Sie es an Ihre Pinnwand. Das spart unnötige Diskussionen. Nörgelt ein Kind dann: «Ich hab aber keine Lust», können Sie als Erwachsene ganz gelassen und mit einer klaren Haltung auf das Blatt Papier an der Pinnwand deuten und sagen: «Ich verstehe. Und was wir vereinbart haben, wird jetzt trotzdem gemacht.»

Selbst vormachen und anleiten

… dann lernen die Kinder sogar, ein Missgeschick wiedergutzumachen.

So wie Gustav, dem gerade sein Becher Milch umgekippt ist. Seine Mama reagiert nun so, dass ihr Kind auch etwas lernen kann. Sie putzt nicht etwa schimpfend alles selbst weg, sondern sagt: «Komm, wir wischen das zusammen weg!» Sie holt mit ihm Eimer und Lappen, und nun sind beide damit beschäftigt, aufzuwischen, den Lappen auszuwaschen und auszuwringen. Und als Mama sagt: «Schau, jetzt ist es wieder schön!», ist sogar noch gute Stimmung – weil das Kind nun lacht. Beide lachen.

Wie gut, dass die Mutter ihr Kind zur Eigenständigkeit ermuntert hat!

KINDER ZUR EIGENSTÄNDIGKEIT ERMUNTERN

Wie aber sollen Kinder, denen bisher alles abgenommen wurde, plötzlich eigenständig werden?

«Ich hab' lange gebraucht», erzählt eine Mutter, «bis mir bewusst wurde, dass ich meine Tochter von mir abhängig gemacht habe. Jetzt habe ich damit aufgehört, ihr stundenlang die Vokabeln einzuflößen, während sie gelangweilt dasitzt und gähnt. Ich habe ihr mitgeteilt, dass ich meinen Schulabschluss bereits habe, sie ihren aber noch braucht.»

Hier hat das Abenteuer der Selbsterkenntnis offensichtlich bereits begonnen.

Und wenn Ihr Kind dann ankommt und sich über die Hausaufgaben beschwert? Wenn es sagt: «Kann ich nicht. Machst du sie für mich.»

Dann sollte die Antwort lauten: «Ich unterstütze dich. Aber machen musst du sie selbst!»

Außerdem hilft eine klare Struktur den Kindern, das Lernen zu lernen. Besprechen Sie diese Struktur mit Ihrem Kind. Und lassen Sie es die einzelnen Schritte gut leserlich auf ein Papier aufschreiben.

Die folgenden Punkte sind beim Erledigen der Hausaufgaben für viele Kinder eine Hilfe.

Eigenständigkeit bei den Hausaufgaben

Eigenständigkeit gelingt viel leichter, wenn mit dem Kind eine klare Struktur vereinbart ist:

- vor den Hausaufgaben, wenn möglich, Bewegung an der frischen Luft
- dann eine feste Zeit für den Beginn der Hausaufgaben
- Die Hausaufgaben werden immer am selben Ort und am selben Tisch gemacht.
- Dieser Tisch wird vor Arbeitsbeginn freigeräumt.
- Also keine Spielzeuge, Comic-Hefte oder Geräte auf dem Arbeitstisch!
- Während der Hausaufgaben ist «Auszeit» für akustische Medien und Telefon.
- Nötige Arbeitsmaterialien aus der Schultasche richtet das Kind selbst her.
- Schauen Sie das Hausaufgabenheft an, ermutigen Sie Ihr Kind, die Aufgaben von leicht nach schwer zu erledigen: «Schau, das ist am einfachsten, am besten fängst du damit an. Das kannst du gut allein.»
- Lassen Sie Ihr Kind nun auch wirklich allein arbeiten, statt mit strenger Lehrer-Lämpel-Miene die ganze Zeit neben ihm zu sitzen. Und machen Sie ihm das Angebot: «Ruf mich, wenn du Fragen hast.»

Dranbleiben statt gleich aufgeben, wenn es schwierig wird

Das gilt für die Hausaufgaben genauso wie für die zunächst noch mit Begeisterung begonnene Geigenstunde, die das Kind auf einmal «doof» findet. Es gilt auch für die angefangene Bastelarbeit und anderes.

Ermutigen Sie Ihre Kinder dranzubleiben, denn wer eine Sache durchsteht, wird stärker und geschickter. Kinder hören das nicht gerne. Doch gerade wenn es schwierig wird, brauchen sie einen, der sie anspornt und Rückhalt gibt und mit ihnen einen Weg findet, den sie dann selbst weiterführen können. Und wenn schließlich etwas doch klappt, dann – ja, dann sehen Sie schon an den Augen Ihrer Kinder: etwas selber zu schaffen, das macht richtig glücklich.

WERTSCHÄTZUNG

In einem Märchen der Brüder Grimm («Die kluge Bauerntochter») wird von einer Bauernfamilie erzählt, die in großer Armut lebt. Doch es wird da nicht etwa herumgeschimpft: «Der König, der ist so reich, der könnte uns ruhig was abgeben …», sondern die Tochter sagt: «Wir sollten den Herrn König um ein Stückchen Rottland bitten.» Das tat sie, und so «schenkte er ihnen auch ein Eckchen Rasen».

Bitten öffnet Türen. Auch heute noch. Ebenso das Danken, Grüßen oder ein freundliches Lächeln. Jede Aufmerksamkeit ist eine Brücke zum anderen, die wir selbst bauen. Wertschätzung zu zeigen gehört zur menschlichen «Grundausrüstung», die allerdings erlernt werden muss.

WIE LERNEN KINDER WERTSCHÄTZUNG?

Am besten durch Vormachen, und zwar bei allen Gelegenheiten – auch im Spiel. Sicher haben Sie selbst schon erlebt, wie kleine Kinder höchst beglückt ein Bitte-Danke-Spiel spielen.

«Gibst du mir bitte den Ball?», ruft Papa zu seinem Kind, das gerade laufen kann. Es versteht ihn tatsächlich und bringt den Ball – strahlend, weil Papa sich darüber so freut. «Danke», sagt er und gibt ihn zurück: «Bitte!» So geht das eine Weile freudig lachend hin und her.

Auf diese Weise können Kinder ganz entspannt an Formen der Wertschätzung herangeführt werden.

BITTEN

«Aber mein Kind sagt im Alltag nie bitte.» Dann bringen Sie es ihm bei. Wenn es beispielsweise am Esstisch unhöflich fordert: «Butter!», dann machen Sie es ihm vor, wie es auch freundlicher geht, und sagen Sie: «Bitte noch Butter.» Wiederholen Sie jedes Mal, wenn Ihr Kind schnöselig etwas verlangt, die Sache mit einem «Bitte» davor.

Sagen Sie auch selber «bitte», wenn Sie etwas von anderen erwarten. «Machst du bitte das Licht aus.» – «Bringst du bitte die Abfälle runter.» – «Danke.»

Selbst wenn es Ärger gibt. «So ausrasten kann ich gar nicht», sagt ein Vater, «als dass nicht immer noch ein ‹Bitte› drin wäre.» – «Bitte nicht in diesem Ton!» – «Bitte lass das.» Für ein «Bitte» ist immer Zeit.

Genauso für ein «Danke.»

«DANKE!»

Kleinkinder schaffen es noch nicht, von sich aus «Danke» zu sagen. Sie lernen es am besten, wenn die Großen es immer wieder vormachen.

Das weiß die Mutter eines Zweijährigen und übernimmt es für ihn: Als er an der Käsetheke ein Stückchen Käse wortlos entgegennimmt, bedankt sie sich. Daraufhin ruft der Kleine aus vollem Herzen ebenfalls «Danke». Er hat es nachgeahmt.

GRÜSSEN

*«Mein Kind begrüßt mich nie, wenn ich nach Hause komme»,
klagt ein Vater. «Es bleibt dann einfach im Zimmer. Manchmal
denk ich mir: Freut sich denn keiner?»*

*Andere Eltern sagen: «Unser Kind mag nicht grüßen. Es
ist eben ein starker Charakter.» Das klingt, als wären sie sogar
«stolz» darauf.*

Doch dazu besteht kein Grund. Denn Kinder spiegeln das, was
Eltern vorleben – also auch achtsames Verhalten untereinander. Dieses muss in der Familie ganz bewusst gepflegt werden,
da gerade hier, wo sich alle gut kennen, eine gewisse Gefahr
besteht, sich gehen zu lassen.

Eine wichtige Regel für wertschätzendes Miteinander in
der Familie lautet: Wir begrüßen einander wirklich immer aufmerksam und liebevoll. Das beginnt gleich bei der ersten Begegnung am Morgen, die kein müdes «Hallo» im Vorbeischlei-
chen ist. Auch jeder, der heimkommt, wird persönlich begrüßt
– die Kinder genauso wie der Partner, und zwar herzlich, mit
Augenkontakt und Namen.

«Aber mein Kind will nicht grüßen.» Dann leiten Sie es
an. Nehmen Sie es an der Hand: «Komm, wir begrüßen den
Papa.» Oder die Mama, die Großeltern … Grüßen ist immer ein
Moment der Wertschätzung, die zeigt: «Du bist mir wichtig!»

Wertschätzung ist niemals «unmodern», vielmehr geht
es ohne sie nicht, wenn wir unser Menschsein nicht verlieren
wollen.

GUTE GEWOHNHEITEN

Durch das Vormachen und Erleben werden gute Gewohnheiten
eingeübt, und irgendwann sind Bitten, Danken und Grüßen
so selbstverständlich wie Zähneputzen. Doch das heißt auch,
dass wir Erwachsenen unermüdlich selbst danach handeln –
und nicht nur die Kinder verbal auffordern: «Kannst du nicht
grüßen?» – «Nun sag schön Danke!» – «Wie sagt man noch?»

Wie sich zeigt, wollen Kinder dann erst recht nichts sagen.
Verständlicherweise. Denn derart vor anderen vorgeführt zu
werden, ist alles andere als wertschätzend. Das spüren Kinder
natürlich.

Mit etwa vier Jahren können Kinder schon selbst bitten,
danken und grüßen, sofern es ihnen täglich vorgelebt wurde. Wirklich? Und wenn dann auf dem Weg in die Wohnung
die Nachbarin aus der Tür schaut und der Vierjährige wieder
wortlos vorbeigeht? Dann grüßen Sie und erinnern Ihr Kind
später daran: «Nächstes Mal grüßt du auch selbst. Das kannst
du jetzt schon.»

DAS ESSEN WERTSCHÄTZEN

Wieso sollen wir eigentlich auch das Essen wertschätzen? Es
gibt doch heute an jeder Ecke Essbares zu kaufen. Aber gerade
in der Konsumfülle ist es wichtig, auch das wertzuschätzen,
was man haben darf, denn es ist durchaus nichts Selbstver-
ständliches, vor einem Teller mit Essen zu sitzen.

Ist es denn wertschätzend gegenüber dem Essen, mag manch einer einwenden, wenn Kinder vorher alle sagen sollen: «Piep, piep, piep, wir haben uns alle lieb?» Was hat «piep, piep, piep» mit dem Essen zu tun? Warum ein gemeinsamer Spruch zu Essensbeginn?

Einmal antworteten Eltern darauf: «Das tun wir, damit nicht jeder einfach anfängt, wann er will, sondern alle zusammen.»

Dieser durchaus wichtige Aspekt, gemeinsam zu beginnen, gelingt stimmiger durch ein Ritual, das gleichzeitig auch das Essen wertschätzt: Alle reichen sich die Hände, blicken einander an und wünschen sich «guten Appetit!». Das ist authentisch. Und was authentisch ist, können Kinder annehmen.

So wie dieser Vierjährige, der im Kindergarten erlebt, wie vor dem Essen jedes Mal der Erde und der Sonne gedankt wird, die alles wachsen und reifen ließen. Nun hat er das auch zu Hause eingeführt. Eines Tages, als die Eltern schon, wie gewohnt, mit dem Essen loslegen wollen, sagt er: «Noch warten!» Er legt seine Finger zusammen, und spricht diesen sinnigen Spruch von Christian Morgenstern:

> *Erde, die uns dies gebracht,*
> *Sonne, die es reif gemacht,*
> *liebe Sonne, liebe Erde,*
> *euer nie vergessen werde.*

Die Eltern sprechen jedes Mal mit – und inzwischen ist es ein festes Ritual in der Familie.

«MEIN KIND BENUTZT IMMER HÄSSLICHE AUSDRÜCKE»

«Unser Kind sagt immer Schimpfworte», beklagen sich viele Eltern. «Und? Wie halten Sie es damit? Verwenden Sie selbst welche?» – «Wir passen da schon auf», sagt eine Mutter. Ihr Ehemann ergänzt: «Aber gerade vorhin, beim Autofahren …» – «Na gut, aber da waren die Kinder nicht dabei.»

Worte wirken immer. So wirkt auch jedes Schimpfwort, das ausgesprochen wird. Und bringt einen selbst in eine negative Stimmung – wie jeder an sich selbst beobachten kann. Wer also von Kindern erwartet, keine Schimpfworte zu gebrauchen, tut gut daran, diese überhaupt zu unterlassen. Und es nicht nur vor den Kindern vorzuspielen.

WERTSCHÄTZUNG BEDEUTET AUCH, ACHTUNGSVOLL MIT DER SCHÖPFUNG UMZUGEHEN

Und was ist, wenn einer die Katze am Schwanz packt und sie durch die Gegend schleift oder einer Fliege die Beine ausreißt oder dergleichen? Beobachten Sie einmal, dass Kinder, die Derartiges tun, immer auch kurz zum Erwachsenen hinüberblicken, um sich zu orientieren, wie er sich dazu verhält. Daher ist es wichtig, sofort zu reagieren und den Kindern immer wieder mitzuteilen: «Was du nicht willst, das man dir tu', das füg auch keinem andern zu!»

HALTUNG ZEIGEN – STATT JAMMERN

Eine Kindergartengruppe beim Spaziergang. Die Kinder laufen mit ihren beiden Erzieherinnen an einer blühenden Wiese entlang. Nach einer Weile beginnt eines der Kinder, von den Blumen am Wegrand die Köpfe abzureißen. Die eine Erzieherin sagt zur anderen: «Furchtbar! Die haben heute vor nichts mehr Achtung.» Statt nun mitzujammern, ruft die Kollegin dem Kind entschieden zu: «Hey, stopp, lass das! Die Blumen sind doch Lebewesen, warum zerstörst du sie?» Der Junge und ein paar andere lachen.

Und nun geschieht etwas, das wohl keiner erwartet hat: Die Erzieherin bückt sich, hebt die Blumenköpfe auf und sagt: «Die nehmen wir mit heim und pflegen sie.» Unaufgefordert folgen manche ihrem Beispiel.

Wieder zurück im Gruppenraum, legt die Erzieherin die Blütenköpfe in eine Schale mit Wasser. Da leuchten sie nun auf dem Esstisch. Viele Tage sind sie da. «Das sieht richtig schön aus», sagt ausgerechnet der Bub, der die Blüten geköpft hat. Bei ihm ist innerlich etwas angekommen.

Wertschätzung in der Familie, als Menschen untereinander und gegenüber der Schöpfung muss von uns Erwachsenen vorgelebt, gepflegt und eingefordert werden. Daran bilden sich die Kinder, und dadurch kann so viel Heilsames in die Welt kommen. Täglich neu haben wir alle dann mehr Freude im Alltag.

WAHRHAFTIGKEIT

Was würden Sie Ihren Kindern nie erlauben? Auf diese Frage antworten die meisten Eltern: «Lügen!»

Ein Vater: «Da werde ich fuchsteufelswild, wenn mein Kind lügt.» – «Was hat es denn zuletzt gemacht?» – «Die Wand angemalt. Aber es hat das abgestritten und auch noch behauptet, dass es die kleine Schwester war.» – «Und was haben Sie dann gemacht?» – «Die Stifte zerbrochen und es in sein Zimmer geschickt.» – «Und wie ging es Ihnen danach?» – «Schlecht natürlich. Aber belügen lassen kann ich mich auch nicht.»

KEINER MÖCHTE SICH BELÜGEN LASSEN

Doch wie sieht es mit der eigenen Wahrhaftigkeit aus? Sind Sie immer ehrlich? Oder passiert es Ihnen schon mal, dass Sie etwas versprechen, etwa: «Nachher gehen wir zum Spielplatz», und dann klappt es doch nicht?

Wie oft erlebt man, dass ein Erwachsener eine Ausrede hat! Da behauptet ein Kollege am Telefon zum Beispiel: «Heute muss ich noch ein bisschen länger im Büro bleiben» – dabei tut er das gar nicht, kommt aber trotzdem später heim … Oder die Eltern raunen ihrem Kind an der Kasse des Tierparks zu: «Also, wir sagen einfach, du bist erst fünf, dann kostest du noch nichts.»

Derartige Unwahrheiten können wir oft beobachten, sie besagen im Grunde: «Schwindeln erlaubt.» Denn was vorgemacht wird, stiftet Kinder zum Nachmachen an.

SELBST GLAUBWÜRDIG SEIN

«Wie erkläre ich meinem Kind, was Wahrheit und was Lüge ist?», fragen viele Eltern. Die wirksamste «Erklärung» ist: sich an die eigene Nase fassen, denn Wahrhaftigkeit muss vorgelebt werden. Gerade auch in Kleinigkeiten des Alltags.

«Ich sag meinem Kind immer, dass es ohne Handy zu Tisch kommen soll», berichtet ein Vater, «und dann ertappe ich mich manchmal, dass ich mich selber nicht daran halte. Aber ich übe: Ich leg das dann weg und entschuldige mich.»

Das ist vorbildlich. Denn Kinder brauchen keine Moralapostel, sondern Erwachsene, die sich bemühen, selbst glaubwürdig zu sein.

KINDER WOLLEN EHRLICH SEIN

Kinder sind ehrlich, sobald sie keine Angst haben müssen.

Lisa ist ein Beispiel dafür: Sie spielt im Wohnzimmer, und dabei kracht etwas zu Boden. Kurz darauf erscheint sie mit unglücklichem Gesicht in der Küchentür: «Mama … schau …» Die Mutter kommt ins Wohnzimmer und sieht ihre Lieblingsvase zerbrochen auf dem Boden liegen. Da ruft sie ärgerlich: «Meine schöne Vase! Wie ist das denn passiert?» Dabei ist es ja klar, sie ist beim Spielen irgendwie umgekippt.

Als die Mutter sich beruhigt hat, sagt sie: «Komm, wir räumen es zusammen weg.» Und das tun nun beide. Dann schaut sie Lisa an und sagt: «Aber gut, dass du es gleich gesagt hast.»

Und damit hat Lisas Mutter auch recht! Die positive Rückmeldung «Gut, dass du das gleich gesagt hast!» hält dem Kind die Tür offen, auch das nächste Mal die Wahrheit zu sagen, wenn ihm wieder mal ein Missgeschick passiert. «Elterliche Inquisition» dagegen, wie das Kind im Beispiel mit der angemalten Wand sie erlebt hat, jagt Angst ein. Und Angst macht Not. Und da reagiert jeder Mensch – ob klein oder groß – mit Panik und traut sich dann nicht mehr, die Wahrheit zu sagen.

ETWAS WIEDER INS LOT BRINGEN

Konstruktiv dagegen ist es, wenn der Erwachsene, nachdem er durchaus sein Missfallen bekundet hat, nicht beleidigt reagiert und straft. Denn von Strafen lernen Kinder nichts. Daher ist es sinnvoller, ihnen beizubringen, wie das geht, selbst etwas wiedergutzumachen. Dazu brauchen sie Anleitung, wie sie die Mutter im Beispiel mit der Vase gegeben hat.

Dies ist in anderen Fällen ebenfalls möglich – auch in dem Fall, bei dem das Kind die Wand bemalt hat. Der Erwachsene holt mit dem Kind Farbe und zwei Pinsel und lässt es mithelfen, den Fleck zu überstreichen. Und teilt ihm dann – ganz klar und mit Augenkontakt – mit: «Schau, hier ist das Malpapier. Darauf kannst du malen.»

UNSER KIND MACHT NIE, WAS ES SOLL

Viele Eltern klagen: «Wir fragen unser Kind: ‹Hast du schon Zähne geputzt? Hast du die Hände gewaschen?› Und es sagt ‹ja›, obwohl das nicht stimmt.» – «Woher wissen Sie, dass es nicht stimmt?» – «Wir kontrollieren das und schauen ihm immer in den Mund, oder es muss seine Hände vorzeigen, ob sie nach Seife riechen.» – «Warum?» – «Ich misstraue meinem Kind», sagt ein Vater, «weil es nie macht, was es soll.»

So geht das Tag für Tag, Monat für Monat, Jahre schon … Inzwischen ist das Kind zwölf Jahre alt, und die Eltern kontrollieren immer noch.

KONTROLLE VERGIFTET DIE BEZIEHUNG ZUM KIND

Was so vergleichsweise klein anfängt – beim Zähneputzen oder Händewaschen –, kann für die Erziehenden zur Gewohnheit werden.

Das musste beispielsweise eine Fünfzehnjährige erleben, für die Welten zusammenbrachen, als sie eines Tages bemerkte, dass die Eltern in ihrem persönlichen Tagebuch gelesen hatten. Elterliches Misstrauen, Kontrolle und Hinterherschnüffeln ist ein Übergriff auf die Würde des Kindes und kann die ganze Beziehung kaputtmachen.

Deswegen ist es wichtig, bereits bei Kleinigkeiten auf Kontrolle zu verzichten.

Einüben statt Kontrolle

Wie soll das denn ohne Kontrolle gehen? Durch Einüben. Meistens wird von Erwachsenen unterschätzt, wie wichtig es ist, Alltägliches – wie Händewaschen, Zähneputzen usw. – wirklich gut mit dem Kind einzuüben. Machen Sie also selbst vor, wie das geht, das Zähneputzen, das Händewaschen und das Abtrocknen. Machen Sie einfach jedes Mal mit: Tag für Tag, Woche für Woche, Monat für Monat und noch länger. Bis klar ist: «Jetzt kannst du das schon allein. Stimmt's?»

Nickt das Kind, dann schauen Sie ihm fest in die Augen und sagen ihm: «Dann machst du das ab jetzt auch selbst!»

Achten Sie auf Augenkontakt! Dadurch wird Ihre Abmachung verbindlich und erspart Strafe und Kontrolle. Wenn Kinder die Wahrheit sagen, schauen sie einem ohne Weiteres in die Augen. Wenn nicht, dann ist es wichtig nachzuhaken, so wie die Mutter von Jan in dem folgenden Beispiel:

Als Jan von einem Besuch bei seinem Freund zurückkommt, ist seine Hosentasche auffallend dick. Die Mutter: «Was ist da drin?» – «Och, nichts.» – «Aber die Tasche ist ja so dick.» Schließlich kommt ein Spielauto zum Vorschein. «Wo hast du das her?» – «Geschenkt gekriegt.»

Die Mutter hat da ihre Zweifel. «Und das soll ich glauben?», fragt sie und hakt nach: «Schau mich bitte an.» Jan hebt den Kopf, sieht aber weg. Die Mutter noch mal: «Schau mich bitte an.» Irgendwann sagt Jan: «Das wollte ich gar nicht. Das waren meine Hände.»

Am Ende ist klar, dass das Auto zurückgebracht werden muss. Ob sie ihn dabei begleiten soll, fragt die Mutter. Jan will das lieber allein tun.

«Und hat er es dann auch gemacht?», erkundigt sich jemand. Die Mutter: «Ich habe ihn gefragt. Und er hat mir in die Augen geschaut und heftig genickt: ‹Ja!›»

UNSER KIND SCHWINDELT TROTZDEM

«Aber unsere Tochter ist schon größer, und wir haben ihr genau beigebracht, wie der Stall des Meerschweinchens zu putzen ist. Manchmal, wenn ich frage: ‹Hast du schon den Stall geputzt?›, sagt sie ja. Dabei stimmt das oft gar nicht. Das merke ich schon, weil sie dann irgendwie komisch guckt.»

Der Blick ist tatsächlich ein untrügliches Zeichen, ob jemand die Wahrheit spricht. Wenn Sie also hier dem Kind nicht ganz trauen, begegnen Sie ihm mit Humor. Bleiben Sie stehen, als ob Sie Wurzeln hätten, treten Sie ihm mit festem Blick gegenüber und fragen: «Bist du da auch ganz sicher?»

«Stimmt, das hilft», bestätigt die Mutter von Lotta. «Wenn sie etwas nicht gemacht hat, was sie sollte, guckt sie mich nie an. In dem Fall hake ich nach und sage: ‹Schau mich bitte an.› Lotta hebt dann zwar ihren Kopf, schaut aber weg. Und dann genügt eine kleine Ermunterung: ‹Jetzt aber los ...›»

Das ist ein wichtiges Geheimnis in der Erziehung. Man sieht es den Kindern an: Wenn sie die Wahrheit sagen, schauen sie einem ohne Weiteres in die Augen. Wenn nicht, wirkt ein kleiner innerer Schubs wie im obigen Beispiel (‹Jetzt aber los!›).

Spannend für Kinder ist es auch, wenn Sie Ihnen die Geschichte von Pinocchio erzählen. Dem konnten alle ansehen, ob er die Wahrheit sagte. Denn bei jeder Lüge wuchs seine Nase ein Stückchen mehr.[13]

Wahrhaftigkeit ist ein Weg – und es lohnt sich, wenn wir Erwachsene bei uns selbst damit beginnen. In Kleinigkeiten. Etwas auf dem Weg dorthin können wir täglich verwirklichen: Jeder liebevolle Gedanke über einen Menschen, über unser Kind ist wahrhaftig. Und bringt viel Gutes in die Welt.

WELTINTERESSE

«Drei Dinge sind uns aus dem Paradies geblieben: die Sterne der Nacht, die Blumen des Tages und die Augen der Kinder.»

Was ist mit diesem Satz des großen Dichters Dante Alighieri gemeint? – Schauen wir doch hin! Schauen wir den Kindern in die Augen. Denn die Augen der Kinder spiegeln, wie es ihnen geht: ob sie teilnehmend, offen und interessiert in der Welt leben, ob sie sich für etwas begeistern können – oder ob das Gegenteil der Fall ist.

STRAHLENDE KINDERAUGEN

Haben Sie schon einmal wahrgenommen, wann die Augen der Kinder besonders strahlen? Ist es dann, wenn ihnen alle Anstrengungen abgenommen werden? Wenn alles nach ihrer Pfeife tanzt? Wenn sie durch Geschrei erreichen, dass sie endlich doch die verlangte Süßigkeit bekommen? Wenn sie bequem vor dem Bildschirm sitzen «dürfen»? Wenn sie bespaßt werden?

Schauen Sie genau hin. Sie werden sehen, dass sich Kinder durch solche «Wohltaten» nicht wirklich beglückt oder zufrieden zeigen. Aber ihre Augen leuchten, wenn sie selbst aktiv sind, wenn sie einer Sache nachgehen, etwas probieren, experimentieren, wenn sie Fragen stellen. Kurz, wenn sie sich für etwas interessieren.

INTERESSE IST EINE FUNDAMENTALE MENSCHLICHE FÄHIGKEIT

Wer Interesse hat, will etwas ergründen und erkennen und lernt dadurch Neues. Ohne Zwang – einfach, weil er es selber will. Kinder kommen mit einer natürlichen Neugierde auf die Welt. Sie sind voller Entdeckerfreude und interessieren sich für alles.

Gerade deswegen ist es so wichtig, regelmäßig mit ihnen rauszugehen und ihnen nicht alles fertig vorzusetzen, sondern sie selber entdecken zu lassen. Wenn kleine Kinder nicht daran gehindert werden, finden sie draußen überall Erstaunliches: ein Blatt, ein Steinchen, einen Zapfen. Was sich nur greifen lässt, wird aufgehoben und dem Erwachsenen entgegengestreckt – in Erwartung auf sein Echo.

INTERESSE WILL GETEILT WERDEN

Andernfalls geht die natürliche kindliche Entdeckerfreude verloren. Nicht umsonst heißt es in dem Gedicht eines Kinderfreundes:

> *Kinder werden als Riesen geboren.*
> *Doch mit jedem Tag, der dann erwacht,*
> *geht ein Stück von ihrer Kraft verloren,*
> *tun wir etwas, das sie kleiner macht.*[14]

«Aber das wollen wir doch gar nicht», sagen Eltern. «Wir wollen doch alles supergut machen.»

Dann sprechen Sie viel mehr mit Ihren Kindern. Plaudern Sie schon mit den Kleinsten – auch wenn Sie mit ihnen unterwegs sind. Das gelingt leichter, wenn Sie die Proviantasche mit den «Überlebensmitteln» mal absichtlich zu Hause lassen. Denn die Kinder alle naselang zu fragen: «Willst du eine Banane?», «Magst du was trinken?» usw., nimmt ihnen die Kraft, Interesse für die Welt zu zeigen. Beobachten Sie das doch einmal.

Verzichten Sie auch darauf, jeden Augenblick Ihr Handy zu nutzen. Das hilft Ihnen, das Kind besser und inniger wahrzunehmen. Und Sie werden mehr Freude miteinander haben.

«Mama, Mama, schau!», ruft der Zweieinhalbjährige glücklich strahlend beim Spaziergang. Er hat einen riesigen Schilfhalm gefunden und hält ihn hoch wie eine Fahne. Die Mutter sagt: «Halt, warte! Bleib so!» Dann kramt sie in ihrer Handtasche. Als sie endlich ihr Smartphone gezückt hat, sagt sie: «Stell dich doch mal so hin wie vorhin. Ja, und jetzt lach noch mal! Nun komm schon.» Und der Kleine? Er tut es. Doch die Begeisterung ist verflogen.

Wie geht es ihm jetzt? Oder anders gefragt: «Was hätten Sie sich denn gewünscht, liebe Eltern, wenn Sie an der Stelle dieses kleinen Weltentdeckers gewesen wären?» Als diese Frage in einer Elternrunde gestellt wurde, sprudelten tiefste Kinderwünsche heraus.

TIEFSTE KINDERWÜNSCHE

«Schau mich an!» – «Interessier dich!» – «Hör mir zu!» – «Staune mit mir!» – «Sprich mit mir!»

Aufmerksamkeit wird gewünscht. Die Erwachsenen sollen auch die Wunder sehen, die Kinder entdecken. Deswegen ist es so wichtig, wenigstens kurz Resonanz zu geben – in dem Sinne, dass man das Kind spüren lässt: «Schön, was du da entdeckt hast! Zeig doch mal.»

Das bestätigt ein Kind darin, sich weiter interessiert der Welt zuzuwenden.

Damit dies heute auch gelingt, sind Eltern eindeutig aufgerufen, im Beisein der Kinder die Nutzung digitaler Medien in die Schranken zu weisen. Denn wer oder was hat Priorität: der Mensch oder das Gerät? Das ist heute die große Frage, wie das Buch *Cyberkrank* des Hirnforschers Manfred Spitzer dramatisch aufzeigt.[15]

Ihre Kinder suchen Kontakt zu dem Liebsten, was sie auf der Welt haben: zu Ihnen als Eltern. Und Kinder haben viele Fragen.

FRAGEN KÖNNEN

Genießen Sie es, wenn Kinder ständig von Ihnen wissen wollen, wie «das da» und «das da» und «das da» heißt und warum etwas so ist. Jemand entgegnet: «Mich nervt es, wenn Kinder dauernd fragen.»

Schade! Dabei können Sie wirklich glücklich sein, denn Fragenkönnen ist eine der kostbarsten menschlichen Fähigkeiten. Wer fragt, zeigt Interesse und beflügelt seine geistige Entwicklung.

Beobachten Sie nur einmal, was für erstaunliche Fragen Kinder oft stellen – voller Wissbegierde für die Welt und die Zusammenhänge.

«Warum ist der Apfelsaft in der Flasche gelb, aber die Äpfel sind doch innen weiß?», erkundigt sich ein knapp Sechsjähriger.

«Logisch eigentlich», sagen die Eltern, «warum haben wir uns diese Frage noch nie gestellt?»

WARUM? WARUM? WARUM?

Kinder können einem mit ihrem «Warum, warum?» Löcher in den Bauch fragen. Wenn Sie, liebe Eltern, etwas nicht wissen, dann sagen Sie eben: «Da muss ich mich erst erkundigen.» Und reichen Sie die Antwort nach. Oder geben Sie die Frage zurück – und Sie können staunen, welche tiefen Antworten Kinder oft geben.

«Was macht die Sonne, wenn sie untergeht?», will ein Vierjähriger wissen. Auf die Frage «Was glaubst du denn?» sagt der Kleine tief befriedigt: «Die schläft dann!»

Bleiben Sie im Gespräch mit Ihrer Tochter oder Ihrem Sohn.
Damit unterstützen Sie diese faszinierende Fähigkeit, die Kinder noch haben: Sie können wirklich bei einem Thema bleiben,
wenn etwas sie interessiert.

VORSICHT – NICHT RUHIGSTELLEN!

*Ein junges Elternpaar geht mit seinem zweijährigen Sohn
in ein Restaurant und gibt ihm dort einen Tablet PC. «Dann
können wir wenigstens ungestört essen und uns unterhalten»,
sagen sie.*

*Und so ist es auch: Das Kind sitzt wie gebannt vor den
künstlichen Bildern. Es redet nicht dazwischen und fragt
nicht – es starrt und schweigt.*

Doch genau dieses Ruhigstellen ist es, das uns Sorgen machen
sollte.

KINDER KÖNNEN SICH DARAN GEWÖHNEN,
STÄNDIG UNTERHALTEN ZU WERDEN

Das, was Eltern zunächst bequem erscheint, schadet Kindern in
ihrer geistigen Entwicklung. Denn alles, was wir ihnen fertig
vorsetzen, können sie nicht mehr selbst entdecken. Sie verlieren das Interesse an der echten und greifbaren Welt! Sie
werden angepasst und vereinnahmt.

Und noch einen ganz wichtigen Punkt dürfen wir in diesem Zusammenhang nicht übersehen. «Wir wissen, dass gerade in der Kindheit und Jugend die Grundlagen für Suchtverhalten gelegt werden», sagt beispielsweise Manfred Spitzer.[16] Und wer will dafür wirklich verantwortlich sein?

Heute, wo in der gesellschaftlichen Diskussion so viel von Förderung die Rede ist, wird oft übersehen, wie wichtig die Interaktion der Kinder mit ihren Eltern ist.

WOFÜR INTERESSIERT SICH IHR KIND?

Machen Sie mal ein kleines Experiment: Achten Sie nur einen einzigen Tag darauf, worüber Sie mit Ihrem Kind sprechen – außer den alltäglichen Notwendigkeiten wie Essen, Anziehen, Aufräumen, Zähneputzen.

- Worüber unterhalten Sie sich mit Ihrem Kind darüber hinaus?
- Welche Fragen stellt es?
- Worüber lachen Sie miteinander?
- Wofür interessiert sich das Kind?
- Was haben Sie zuletzt zusammen mit ihm entdeckt?

Geht es Ihnen auch so wie vielen Eltern, denen da oft nichts einfällt?

SELBST INTERESSE ZEIGEN

Sie selbst und Ihre Kinder gewinnen, wenn Sie dem Hier und Jetzt mehr Gewicht verleihen. Wenn Sie miteinander mehr zu Fuß gehen. Wenn Sie das Laufrad oder sonstige Fahrgeräte mal absichtlich stehen lassen. Denn im Vorbeiflitzen werden weder Sie noch die Kinder etwas entdecken.

Kinder wollen ankommen in der Welt. Und sich erden. Das kostet nur den Entschluss: Heute gehen wir raus und betrachten die Welt mal mit Kinderaugen. So, als ob sie ganz neu wäre. Probieren Sie das doch mal aus.

Gehen Sie auf Entdeckungsreise: Was ist das für ein Baum da vor unserem Haus? Wie heißt er? Und der daneben? Und die Blumen? Wie riechen die eigentlich?

«Ist das denn wichtig?», werden jetzt manche fragen. Selbstverständlich, denn nur wer mit Interesse auf die Welt zugeht, kann sie kennenlernen und lieb gewinnen und achten und schützen.

Oder fragen Sie einmal: Was ist eigentlich im Frühstücksmüsli drin? Dinkelflocken! Dinkel? Wer kennt den? Und wie sieht der aus? Wo wächst er? Und was gibt's da noch? Rosinen? Haselnüsse? Milch? Wo kommen die denn her? Wer weiß das schon?

ELTERN MÜSSEN NICHT ALLES WISSEN

… sondern sollten echt sein und zugeben: «Das weiß ich gerade selbst nicht. Da schauen wir mal nach.» Und sie sollten das dann auch wirklich tun. Denn was jeden im Leben weiterbringt, ist die Einstellung: «Ich lerne jeden Tag noch etwas dazu!»

SEELENNAHRUNG

Eine Mutter ist mit ihrem Kind im Supermarkt. Beide stehen vor dem Süßigkeitsregal. «Such dir was aus», sagt sie. Doch das Kind tut es nicht. «Na, nun sag schon endlich, was du willst», drängt die Mutter. Da meint ein in der Nähe stehender Kunde: «Na ja, vielleicht braucht es was ganz anderes ...» Die Mutter würdigt ihn keines Blickes und geht mit dem Kind weiter.

Der Mann hat recht. Abgesehen davon, dass Kinder schon mal was Süßes haben können, benötigen sie natürlich mehr als nur materielle Dinge. Aber wie viele Kinder gibt es heute, die äußerlich alles bekommen und dennoch etwas Wesentliches missen müssen: Seelennahrung!

WAS IST ES, WAS DIE SEELE ERNÄHRT?

Das ist, wenn wir sagen: «Da geht mir das Herz auf.» Das ist, wenn Kinder sich wünschen: «Noch mal!» Und wann sagen sie das? Wenn sie schöne – selbst erzeugte – Klänge hören. Wenn Erwachsene Märchen erzählen (siehe S. 53ff.), wenn sie singen, summen, «Hoppe Reiter» oder Tanz- und Reimspiele mit ihnen spielen.

Da gibt es kein «Richtig» oder «Falsch». Erwachsener und Kind begegnen sich vom Ich zum Du. Und – ganz wichtig: sie schauen sich in die Augen.

Was zwischen den Augenpaaren von Papa oder Mama und dem Kind bei solcherlei Wohlklang entsteht, wenn sie sich zwischendurch, mal für einen Moment anschauen,

das berührt innerlich. Und genau das bildet eine seelische
Grundwärme, die Kinder brauchen, um zu gedeihen.
Schöner Klang beseelt Kinderherzen – und hilft über manche
Hürde hinweg.

*So wie bei diesem Zweijährigen, der eben mit seinem Vater in
die Entbindungsstation gekommen ist, um die Mama und das
neue Baby zu besuchen.*

*Da steht er nun ein bisschen verloren. Als der Vater das
bemerkt, redet er nicht lang herum. Sondern er tut das, wonach
sich Kinder sehnen, wenn ihnen eine Situation nicht geheuer
vorkommt: Er stimmt «Kinder-Wohlklang» an und singt – so
gut er kann – das schöne Kinderlied «Brüderchen, komm tanz
mit mir …». Dazu nimmt er den Kleinen bei den Händen und
dreht mit ihm ein Tänzchen.*

Der Bub strahlt und ruft: «Noch mal!»

SCHÖNE KLÄNGE WECKEN

Gönnen Sie sich und Ihren Kindern doch auch öfter dieses Vergnügen, mal eben in eine gute Stimmung zu kommen: Singen
Sie mit den Kindern oder spielen Sie mit ihnen eines dieser
klassischen und fröhlichen Reimspiele. Beim Abholen, wenn
irgendwo gewartet werden muss oder einfach so zwischendurch. Sie werden etwas Erstaunliches bemerken: Wie von
selbst erhebt sich Ihre Stimme in eine höhere Tonlage. Und
diese bewirkt, dass Kinder auf einmal «ganz Ohr» sind.

«Das ist der Daumen, der schüttelt die Pflaumen ...» Kennen Sie dieses oder ein anderes Fingerspiel noch aus Ihren Kindertagen? Dann aktivieren Sie es wieder.

Ansonsten schreiben Sie sich schöne Kinderreime jeweils auf Notizzettel. Erst mal einen Reim. Legen Sie den sichtbar hin, sodass sie daraufblicken können, während Sie mit dem Kind spielen. Und bald können Sie ihn auswendig, gegebenenfalls mithilfe der Kinder, die sich Reime auffallend rasch merken können.

Noch mal!

Was hat sie für eine Freude, die kleine Luisa, als ihre Mama mit Zeige- und Mittelfinger wieder und wieder den Kinderarm hinaufkrabbelt, bis zum Ohrläppchen, und dazu spricht:

Kommt ein Mäuschen,
kommt ein Mäuschen,
klingelingeling,
ist die Luisa zu Hause?

«Noch mal!», ruft das Kind. Und «noch mal». Und «noch mal».

Dieses «Nochmal», das aus tiefstem Kinderherzen kommt, ist immer ein sicheres Zeichen, dass ein Kind wirklich Seelennahrung bekommen hat.

SINGEND UND KLINGEND GEHT ALLES VIEL LEICHTER

… sogar das Aufräumen, wenn Sie es mit einem kleinen Auf-
räumlied einstimmen:

> *Wer will fleißige Aufräumer sehn?*
> *Ja, der muss zu uns her gehn.*
> *Räume auf, räume auf.*
> *Wir räumen alle Sachen auf.*

Und da Sie, liebe Eltern, ja Vorbild sind, räumen Sie ebenfalls
mit auf, bis es eingeübt ist und die Kinder es selbst können.
Singen Sie das Lied jedes Mal zur Aufräumzeit. Überhaupt:
Singen Sie mehr!

GUT BEGONNEN, HALB GEWONNEN

Auch in der Früh, wenn es Zeit zum Aufstehen ist, erspart ein
heiteres Gutenmorgenlied Schimpfen, Mahnen, Deckeweg-
ziehen und missmutige Blicke. Oft kommt hier der Einwand:
«Aber ich bin morgens selbst noch nicht so gut drauf, da kann
ich das nicht.» Und wie wäre es, wenn Sie über Ihren eigenen
Schatten springen – und es einfach mal ausprobieren?
   Stellen Sie Ihr Licht auf den Scheffel und lassen Sie sich
von niemandem einreden, dass Singen «peinlich» ist. Denn
Singen ist für Kinder unbedingt notwendig.

SINGEN MACHT AUSSERDEM KLUG

So hat der Musikforscher Andreas Mohr ermittelt, dass «ohne Singen und insbesondere im frühen Kindesalter ganz bestimmte neuronale Vernetzungen nicht oder nur unvollkommen erfolgen und es dadurch zu einer weniger reichen Hirnfunktion kommt».[17] Es macht die Kinder also «klüger», wenn Sie mit ihnen singen.

Und es beruhigt sie auch, was die Eltern rasch merken, wenn sie ihren schreienden Kindern vorsingen. Untersuchungen haben gezeigt, dass dabei der Spiegel des Stresshormons Cortisol im Blut der Kleinen sinkt. Beruhigende Worte hingegen sind nicht ganz so wirksam, und der Effekt hält auch weniger lange an.

KINDER NICHT MIT EINEM GERÄT ABSPEISEN

«Und wie ist es am Ende des Tages? Haben Sie ein Abendritual?»

«Ja», antworten die meisten Eltern. Und überlassen dann häufig der Technik die Oberhand. «Vor dem Schlafengehen darf mein Kind immer noch diese Sendung sehen», heißt es beispielsweise. Oder: «Bei uns gibt's zum Abschluss des Tages noch eine Geschichte auf CD.»

MIT SEELENNAHRUNG IN DIE NACHT

Kinder werden ihre Eltern nie zur Rede stellen: «Mama, Papa, warum speist ihr mich mit einem Gerät ab?» Und doch hungert jedes Kind danach, mit Seelennahrung von Mensch zu Mensch in die Nacht geleitet zu werden.

BETEN

Eltern trauen sich heute oft gar nicht mehr zu sagen: «Wir beten abends.» Denn «das Verhängnis unserer Kultur ist, dass sie sich materiell viel stärker entwickelt hat als geistig», so formulierte es einmal Albert Schweitzer.[18]

Dabei brauchen Kinder beim Übergang in die Nachtwelt von den Eltern her die Sicherheit, dass es da noch etwas Höheres gibt. Eine Kraft, die die Blumen und Bäume und Tiere, die Berge und Wasser und das Lebendige und auch die Steine und Edelsteine gemacht hat.

Rückblickend auf seine Kindheit sagt ein Vater: «Ich habe Glück gehabt – meine Eltern haben mit mir gebetet.» Auf die Frage, warum das Glück sei, antwortet er, dass er als Kind niemals Angst vor der Nacht hatte. Andere Eltern reklamieren: «Aber wir sind nicht gläubig, bei uns geht das nicht.»

Kinder spüren natürlich, ob ein Abendgebet auch authentisch ist und Erwachsene dahinterstehen. Falls nicht, dann kann auch anderweitig für eine heilsame Stimmung gesorgt werden.

WAS WAR HEUTE SCHÖN?

Es ist heilsam für den Übergang in die Nacht, sich noch einmal zurückzubesinnen: Was war heute schön? Kinder lieben diese Frage.

«Abends vor dem Schlafengehen wird bei uns immer die Abendkerze angezündet», erzählt ein Kind. «Und dann sagt jeder etwas, was heute schön war. Und das mag ich ganz gerne, weil dann ist immer so eine gute Stimmung.»

Es ist eine Stimmung der Zuversicht, und die brauchen Kinder.

Andere Eltern berichten: «Wir singen jeden Abend miteinander ‹Weißt du, wie viel Sternlein stehen?› mit allen Strophen. Das mögen unsere Kinder immer noch. Obwohl sie schon elf und zwölf sind.»

> *Weißt du wie viel Sterne stehen*
> *an dem blauen Himmelszelt?*
> *Weißt du wie viel Wolken gehen*
> *weithin über alle Welt?*
> *Gott, der Herr, hat sie gezählet,*
> *dass ihm auch nicht eines fehlet,*
> *an der ganzen großen Zahl,*
> *an der ganzen großen Zahl.*

Weißt du wie viel Mücklein spielen
in der hellen Sonnenglut?
Wie viel Fischlein auch sich kühlen
in der hellen Wasserflut?
Gott, der Herr, rief sie mit Namen,
dass sie all' ins Leben kamen,
dass sie nun so fröhlich sind,
dass sie nun so fröhlich sind.

Weißt du, wie viel Kinder frühe
stehn aus ihrem Bettlein auf,
dass sie ohne Sorg und Mühe
fröhlich sind im Tageslauf?
Gott im Himmel hat an allen
seine Lust, sein Wohlgefallen,
kennt auch dich und hat dich lieb,
kennt auch dich und hat dich lieb.

Seelennahrung bekommen die Kinder auch, wenn sie ein schönes, selbst gespieltes Musikstück oder Konzert hören, wenn
ihnen Märchen der Brüder Grimm (siehe S. 54f.) oder andere
Volksmärchen vorgelesen oder erzählt werden.

Sternengold

Eine Mutter sagt: «Ich pflücke für meine Kleinen immer Sternengold!» Und sie erzählt, wie es jeden Abend zum Abschied noch einmal knisternd spannend wird. Sie geht dann – «psst, ganz leise» – zum Fenster. Öffnet es. Streckt ihre Hand hinaus. «Und dann», erzählt sie, «pflücke ich Sternengold. Für jedes Kind. Damit sie schöne Träume haben.» – «Und wenn Wolken da sind? Oder wenn es regnet?» – «Da sind die Sterne doch trotzdem da. Auch wenn man sie nicht sieht.»

Wie recht sie hat! Sie sind da – genauso wie der Schutzengel. Die Kinder wissen das.

Dass jeder Mensch einen Stern hat, das wusste selbst Napoleon. Als er einmal als junger Offizier abends mit seinem Vorgesetzten draußen im Freien stand, zeigte er zum Himmel und fragte: «Was sehen Sie, mon général?» – «Wolken!» – «Und dahinter, da ist mein Stern.»

SCHÖNHEITSSINN

Bilder! Überall Bilder und Botschaften, die wir Erwachsenen oft kaum noch registrieren. Anders die kleinen Kinder, die alles ringsum sehr wach wahrnehmen.

Ein kleiner Bub kommt mit seinem Papa an einem Plakat vorbei, auf dem eine abstoßende Werbung mit verspritztem Blut zu sehen ist. «Was ist das?», fragt er seinen Papa. Der sagt nur: «Das ist hässlich! Das mag ich gar nicht anschauen.»

Aber sollte der Vater denn nicht stehen bleiben und das Gesehene erklären? Und diskutieren? Bei älteren Kindern kann dies sogar äußerst sinnvoll sein. Bei jüngeren ist das jedoch müßig, da sie sich noch überhaupt nicht abgrenzen können. Es ist daher notwendig, dass Eltern eine klare Haltung einnehmen und diese auch ausdrücken. Denn alles wirkt – das wusste schon Goethe:

> *Dummes aber, vors Auge gestellt,*
> *hat ein magisches Recht:*
> *Weil es die Sinne gefesselt hält,*
> *bleibt der Geist ein Knecht.*[19]

Das Negative hat eine magische Anziehungskraft. Ob es ein Unfall ist, hässliche Gegenstände oder Bilder: es reizt zum Hinschauen, wie jeder es an sich selbst beobachten kann.

Der Reiz des Abschreckenden zeigt sich auch am zunehmenden Trend von Totenkopf-Motiven, die sogar auf Artikeln für kleine Kinder abgebildet sind.

Eine Mutter: «Mein Sohn hat ganz lange gebettelt und wollte unbedingt so einen Totenkopf-Pulli. Er wollte sogar sein Sparschwein schlachten. Und dann hab ich ihm den schließlich doch gekauft.»

Eine andere Mutter meint: «Der Tod hat auf Kinderkleidung nichts zu suchen.»

Da hat sie recht. Die schutzbedürftigen Kinderseelen müssen nicht allem ausgesetzt werden, was gerade Mode ist.

Das Argument, dass «die Kinder sich das aber doch wünschen» und ihnen aus diesem Grund dann Gegenstände mit grotesken Motiven, Monstern oder Killerspielzeug zu kaufen, ist keines. Denn Wünsche sind keine Befehle. «Wünschen darfst du dir alles», ist dann eine gute Antwort, wenn Kinder einem in den Ohren liegen.

Negativ aufgeladene Gegenstände wirken auch negativ auf das Gemüt

Daher nützt es den Kindern viel mehr, wenn ihre Eltern klar sagen: «Das ist hässlich. Das kaufe ich dir nicht. So etwas mag ich nicht in der Wohnung haben.» Auch wenn die Kinder dann doch woanders damit spielen sollten, weil ihre Freunde das Monster oder eine abstoßende Figur, die gerade «in» ist, bekommen haben, ist zu Hause letztlich die Haltung der Eltern maßgeblich.

EIN GEFÜHL FÜR ÄSTHETIK ENTWICKELN

Heute, wo das Abstoßende, Schlampige, Destruktive sich ungeniert überall zeigt, gehört es zu den erstrangigen Erziehungsaufgaben, den Kindern ein Gefühl für Ästhetik zu vermitteln.

Das beginnt schon mit dem Spielzeug. Heutige Kinder haben in der Regel zu viel davon. Kinderzimmer bereits der Kleinsten sehen oft aus wie Spielwarenlager. Auch wenn einzelne schöne Spielsachen darunter sein mögen: der Gesamteindruck ist unschön. Außerdem kann jeder beobachten: «Überfülle lähmt die Spielfähigkeit … Kinder sind dann regelrecht hilflos.»[20]

Geht es Ihnen auch so als Eltern, dass Sie klagen: «Mein Kind kann nicht spielen»? Dann ist viel gewonnen, wenn Sie das Kinderzimmer unter dem Aspekt einrichten: Was ist ästhetisch und schön?

ÄSTHETISCH SCHÖNES SPIELZEUG

Billigplüsch ist es nicht und hat außerdem gesundheitliche Nachteile.[21] Ästhetisch schöne Spielsachen sind dagegen Dinge aus echten Materialien, etwa aus Holz. Auch Spielzeug, das die Fantasie anregt, gehört dazu. Das ist ein zentraler Gesichtspunkt, der oft unterschätzt wird: Denn, darauf weist Rudolf Steiner hin, die «Arbeit der Fantasie wirkt bildend auf die Formen des Gehirns. Dieses schließt sich auf, wie sich die Muskeln der Hand aufschließen durch die ihnen angemessene Arbeit.»[22]

Doch was tun mit den vielen überflüssigen Dingen? Zumindest können wir sie auslagern: in einen Umzugskarton und dann ab in den Keller. Weitere praktische Anregungen zum Thema «Spielzeugflut» finden Sie in dem Buch *Spielen macht Kinder stark*.[23]

KRAFTORT ESSTISCH

Der Sinn für die Kleinigkeiten, die unser Zusammensein schön und freundlich machen, ist keine Naturgabe. Er muss bewusst vorgelebt und geübt werden. Das beginnt im ganz normalen Alltag.

Zum Beispiel am schön gedeckten Esstisch … Ohne Fernseher oder sonstige Geräte. Warum? Es geht ja nicht nur darum, irgendwie den Magen zu füllen. Sondern den Esstisch, das gemeinsame Essen wieder ganz bewusst als Kraftort in der Familie zu integrieren. Gemeint ist damit: auch wirklich miteinander zu essen. Wenigstens einmal am Tag eine gemeinsame Mahlzeit an einem schön gedeckten Tisch einzunehmen – denn auch das Auge isst mit.

AUCH DAS ESSVERHALTEN WIRD GEPFLEGTER

Jeder Mensch, ob groß oder klein, isst gepflegter, wenn schön gedeckt ist.

Eine alleinerziehende Mutter, die es satt hatte, ihre beiden Buben dauernd zu ermahnen, anständig zu essen, erzählte: «Seit einiger Zeit spielen wir am Wochenende immer ‹Restaurantessen›: richtig schön gedeckt mit Tischdecke, Servietten, Blumen und Kerze. Und es ist verblüffend, wie das wirkt. Wir haben dann auch richtig schöne Gespräche, und ich brauche mir nicht mehr den Mund fusselig zu reden, dass sie nicht kleckern sollen. Sie tun es nicht.»

Kinder anleiten und mithelfen lassen

Lassen Sie Ihre Kinder am besten von klein auf mithelfen. Leiten Sie sie an, den Tisch schön zu decken. Es sind höchstens zwei bis drei Minuten mehr gut investierte Zeit, um sich selbst und der Familie damit Freude zu bereiten. Schenken Sie Ihren Kindern freundliche Rückmeldung: «Schön macht ihr das!»

Und sorgen Sie dafür, dass nichts fehlt, bevor sich alle setzen. Denn auch das stärkt den Sinn für das Schöne, wenn einmal alle sitzen bleiben und nicht ständig jemand aufstehen muss, um noch etwas zu holen.

Etwas schön gestalten

«Aber wir haben keine Zeit.» Immer wieder wird auf mangelnde Zeit und die viele Arbeit verwiesen, die nötig ist, um etwas schön anzurichten. Was meist noch nicht einmal stimmt. Doch solches Nützlichkeitsdenken bringt Kinder ins Hintertreffen. «Es gibt keinen anderen Weg, den sinnlichen Menschen vernünftig zu machen, als dass man denselben zuvor ästhetisch macht», sagt Friedrich Schiller in seinen Briefen *Über die ästhetische Erziehung des Menschen.*[24] Was nichts anderes heißt als: ohne Ästhetik keine Vernunft.

Da jedoch das Thema der «ästhetischen Bildung» in den PISA-Standards überhaupt nicht vorgesehen ist, muss es von zu Hause aus und sehr bewusst gepflegt werden. Im ganz normalen Alltag.

ALLES HAT SEINEN PLATZ

Der Sinn dafür, dass alles im Haus oder in der Wohnung seinen Platz hat, muss eingeübt werden. So wird das Spielzeug jeden Abend – möglichst zur selben Zeit – aufgeräumt. Am besten vor dem Zähneputzen. Erwarten Sie nun nicht von Ihren Kindern, dass sie das gleich selbst können, sondern helfen Sie ihnen, einen Ordnungssinn zu bilden. Und genießen Sie das Glücksgefühl, das eben nur durch Anstrengung erworben wird. Freuen Sie sich schließlich mit den Kindern über das schöne Ergebnis: «So, jetzt ist es wieder schön!»

Und noch einen Vorteil hat es, abends regelmäßig aufzuräumen: Wenn es wieder ordentlich ist, wenn der Umraum geordnet wurde, klappt es auch viel leichter, Kinder ohne Aufregung ins Bett zu bringen.

Mein Kind lässt alles herumliegen

Mit Jonas hat bisher niemand geübt. Er ist schon neun Jahre alt. Wenn er heimkommt, lässt er einfach die Jacke fallen und wirft die Schuhe in den Weg. «Es ist furchtbar», stöhnen die Eltern – und räumen ihm immer noch alles hinterher.

Sie wollen das ändern, aber wie?

Der Weg ist der gleiche wie bei diesem erst Dreijährigen, der gerade sein Taschentuch benutzt und dann auf den Boden geworfen hat. «Heb es bitte auf», mahnt die Mutter. – «Mag ich nicht», erwidert das Kind. – Die Mutter lässt nicht locker. «Das Taschentusch gehört in den Abfall», sagt sie. Das Kind macht sich steif wie ein Brett und tut es nicht.

Und jetzt? Die Mutter tut das Wichtigste: Sie schimpft nicht und regt sich nicht auf. Sondern sie bleibt bei ihrer Aufforderung. Sie nimmt das Kind an der Hand, hebt das Tuch auf und bringt es gemeinsam mit ihm zum Abfalleimer.

Sie tut also genau das, was Erziehungsbemühungen zum Erfolg verhilft: Vorbild sein und anleiten.

Und so ist es mit allem, was den Alltag schön und ästhetisch macht: Es muss immer wieder vorgemacht werden. Nicht nur einmal, sondern wieder und wieder und wieder. Bis es so verinnerlicht ist, dass es von selbst gelingt.

NATURVERBUNDENHEIT

«Mein Sohn kann sich schon selbst Apps auf meinem Smartphone herunterladen», schwärmt die Mama eines Vierjährigen. «Am liebsten spielt er Bauernhofspiele, und da lernt er auch ganz viel dabei.» Doch es ist eine Illusion, zu glauben, dass Kinder durch Bauernhof- oder sonstige Naturspiele auf dem Sofa sitzend etwas über eine Sache lernen können. Auf die Frage an den Kleinen: «Weißt du, woher die Milch kommt?», antwortet er: «Aus dem Supermarkt.» – «Und die Eier? Und der Honig? Und die Äpfel?» – «Aus dem Supermarkt.» – «Und welche Farbe haben Enten?» – «Gelb.»

Vielen Kindern geht es ähnlich: Tippend mit den Fingern sind sie schnell dabei. Sie kennen alles – theoretisch. Von Abbildungen. Doch schon ein paar simple Fragen zeigen, dass der Bezug zur Wirklichkeit oft fehlt.

Das ist kein Vorteil für ein Kind auf dem Weg in die Welt. Denn Kinder lernen nur in Bewegung. Nur, wenn sie mit allen Sinnen bei der Sache sind. Was sie nicht erleben, können sie nicht kennen. Was sie nicht kennen, ist gleichgültig. Was gleichgültig ist, das kann nicht wertgeschätzt werden.

Was macht das mit den Lebenskräften des Kindes?

LEBEN MIT DEN ELEMENTEN

Nur zwischen Beton, Glas und Technik können sich Kinder nicht gesund entfalten. Alexander Mitscherlich bekräftigt: «Der junge Mensch braucht Elementares: Wasser, Dreck, Gebüsche, Spielraum. Man kann ihn auch ohne alles aufwachsen lassen, mit Teppichen, Stofftieren oder auf asphaltierten Straßen und Höfen. Er überlebt es – doch man soll sich nicht wundern, wenn er später bestimmte soziale Grundleistungen nicht mehr erlernt.»[25]

Kann das denn sein? – «Ja», sagt ein Erwachsener und schildert, wie er einmal, ganz begeistert, einen Zehnjährigen auf einen grandiosen Abendhimmel aufmerksam machte und der völlig desinteressiert erwiderte: «Na und?» und den Blick sofort wieder auf sein Display heftete.

Ursprünglicher Umgang mit der Natur

Kinder brauchen von klein auf einen ursprünglichen Umgang mit der Natur, damit sie mit ihr vertraut werden und sie nicht gleich in Panik geraten, wenn da etwas krabbelt. Kinder, die kaum draußen sind, erleben die Natur oft als feindlich.

So wie jener Schüler, der im Rahmen eines pädagogischen Projekts in einen Wald geführt wird. Als er die ersten Käfer sieht, ruft er entgeistert: «Ih, was ist das denn?» Er gerät völlig außer sich, weil keiner ein Spray dabei hat, «um sie alle zu töten».[26]

Damit es gar nicht erst so weit kommt, sind Sie als Eltern gefragt, denn wer will schon, dass das eigene Kind lebensfremd wird? – «Nein, das wollen wir natürlich nicht», beteuern die Mütter und Väter. So lautet also die folgende Kardinalfrage:

DARF IHR KIND SCHMUTZIG WERDEN, WENN ES DRAUSSEN SPIELT?

«Unser Kind darf schon rausgehen. Aber es soll auch auf seine Sachen aufpassen.» Diese Einstellung greift immer mehr um sich. Zum Schaden der Kinder. Denn Natur ist kein Klinikum. Naturverbundenheit entsteht, wenn direkter Naturkontakt mit allen Sinnen möglich ist: wenn Erde, Wasser, Lehm, Sand, Gras, Bäume, Sträucher angefasst, gerochen, geschmeckt, erobert, bearbeitet und ergriffen werden. Wenn freies Spielen, das Klettern auf Bäume, Balancieren, Rennen, Verstecken, Graben und Bauen auch bewusst von den Erwachsenen unterstützt werden. Sonst bleibt Natur fremd.

DIE FREIHEIT LASSEN

«Hu, bist du schmutzig!», sagt die Mutter zu ihrer Tochter, die mit ihrem Papa von einem Ausflug in die Natur zurückkommt. Und er antwortet: «Ich wollte ihr halt die Freiheit lassen.»

Hier geht es nicht darum, wer recht hat, sondern was die gesunde Entwicklung begünstigt. Schmutzige Kleidung lässt sich waschen und in einen guten Zustand bringen. Die gesunde kindliche Entwicklung wird begünstigt, wenn Kinder spontan und intuitiv draußen in der Natur spielen dürfen. Und wenn sie lernen, die Arbeit mit der Erde und mit den Tieren wertzuschätzen.

BAUERNHOFERLEBNISSE

*«Wir müssen unseren Kindern eigentlich gar nicht so viel bei-
bringen», sagen diese Eltern. «Wir machen immer Ferien auf
dem Bauernhof, und da dürfen die Kinder mithelfen beim Füt-
tern der Hühner oder im Stall, wenn gemolken, ausgemistet
und Heu ausgebracht wird.» Sie berichten, welche Freude die
Kinder haben, wenn sie die Kälbchen streicheln, und wie sie
lachen, wenn eines mit seiner langen Zunge ihre Hand ganz
nass schleckt. Und wie sie ihre Erlebnisse zu Hause noch lange
Zeit nachspielen.*

WO WIRD DIE LIEBE ZUR NATUR GEPFLEGT?

Wer keine solchen Bauernhofferien machen kann, findet auch
andere Gelegenheiten: Schauen Sie doch mal, wo in Ihrer Nähe
ein Bauernhof oder eine Gärtnerei oder ein Imker ist. Fragen
Sie nach, ob und wann Sie mit Ihren Kindern einmal vorbei-
kommen dürfen. Oder erkundigen Sie sich, ob es auch in Ihrer
Stadt eine Initiative für «urbanes Gärtnern» gibt, wo Familien
ein Beet mieten und sich auch mal nur saisonweise als Laien-
gärtner erproben können.

Davon haben Kinder nachhaltig mehr als vom «Land-
leben» auf dem Bildschirm oder von einem Einkaufsbummel
durch die Fußgängerzone. Vor allem, wenn sie mitwirken dürfen! Sie werden am Ende des Tages erfüllt nach Hause kommen.

NATUR AUF DER FENSTERBANK

Etwas selbst zu erleben ist der beste Weg, mit der Natur vertraut zu werden. Und sei es erst mal zu Hause auf der Fensterbank. Hier können wir mit den Kindern Kressesamen in ein Schälchen säen und vorsichtig benetzen und schon am nächsten Tag beobachten, wie die Samenkörnchen aufquellen und keimen; bereits nach wenigen Tagen kann man das frische Grün auch ernten und servieren. Verschiedene Kerne und Samen lassen sich zu Hause im Blumentopf pflanzen und beobachten.

Eine schöne Idee hat dieser Vater nach dem Apfelessen. «Wenn wir die Apfelkerne einpflanzen», sagt er, «können wieder neue Apfelbäumchen wachsen.» Die Kinder sind begeistert und wollen «jetzt gleich» pflanzen. «Erst müssen die Kerne trocknen», erklärt der Vater.

Ein paar Tage zu warten macht die Sache für die Kinder noch spannender. Als dann der richtige Pflanztag gekommen ist, werden die Kerne tief in die Erde gesteckt – fast so tief wie ein Streichholz. Und der Topf wird auf die Fensterbank gestellt. «Jetzt müssen wir die Erde jeden Tag besprühen, sodass sie immer schön feucht bleibt», sagt der Vater, und die Kinder hören aufmerksam zu.

Es ist rührend zu erleben, wie die Kinder immer wieder schauen, ob schon etwas herausspitzt. Und ja! Eines Tages ist es so weit. Ein kleiner Keim spitzt durch die Erde! Wer es nicht selbst erlebt hat, wird vielleicht nicht glauben, wie sich Kinder begeistern können, etwas wachsen und werden zu sehen.

Kleine Kinder fühlen sich von selbst der Natur ganz nahe

Kinder haben von sich aus keine Angst vor Wasser, Schnecken, Spinnen, Ameisen oder Käfern. Im Gegenteil: Sie interessieren sich für alles, was da lebt und fliegt und krabbelt, kriecht und sich bewegt. Solange sie keiner davon abhält. Solange Eltern nicht sagen: «Pfui, lass das! Fass das nicht an!»

Kinder wollen raus in die Natur. Und es gibt so viel Spannendes für einen kleinen Weltentdecker, wenn er im Gras und im Sand, in Pfützen, zwischen Zapfen, Stöcken, Steinen, Büschen, Bäumen und Blättern mit allen Sinnen auf Erkundungstour gehen kann! Selbst ein aufmerksamer Ausflug in den Stadtpark ist voller Wunder, wie das folgende Beispiel zeigt.

«Fuß! Fuß!», ruft ein etwa fünfzehn Monate alter Bub, als die Mutter mit ihm im Kinderwagen hinausfährt. Endlich im Park angekommen, darf er raus. Es ist faszinierend zu erleben, wie er sogleich auf Entdeckungstour geht und greift und entdeckt und staunt. «Da!», ruft er und bringt seiner Mama ein Steinchen. Dann ein Blatt. Und noch eins. Jetzt ein Stöckchen. Und da wieder etwas Interessantes.

«Wir müssen heute gar nicht zum Spielplatz», mag sich die Mutter denken, «wenn es hier bereits so viel zu entdecken gibt.» Sie nimmt freudig die kleinen Schätze entgegen und lässt das Kind in seinem Tempo seine Entdeckungen machen.

Und das ist gut so.

Kinder brauchen Freiraum zum Erkunden

Es ist ein Segen für Kinder, wenn Erwachsene ihnen draußen Freiraum lassen, spontan zu handeln, auf etwas loszugehen und auch zu verweilen. Denn in der frühen Kindheit werden die Keime gelegt, ob ein Mensch einen natürlichen Zugang zur Wunderwelt der Natur hat.

Elternsein ist die perfekte Gelegenheit, das Kind in sich selbst (wieder) zu wecken.

«Guck mal», sagt eines der Kinder, als es beim Spaziergang mitten auf dem Weg eine Schnecke mit Häuschen entdeckt. Sie gehen in die Hocke, und auch die Eltern sind ganz bei der Sache. «Seht ihr die Augen?», fragen sie. – «Wo denn?» – «Ganz oben auf den Fühlern. Die winzigen dunklen Punkte da!» Sehr vorsichtig geht der Vater mit seinen Fingern ganz nah an die beiden oberen Fühler heran. Schwupps!, zieht die Schnecke sie zurück. Kurz darauf streckt sie vorsichtig einen und dann den anderen Fühler wieder aus. Die Kinder beobachten und staunen über dieses kleine Wunder der Natur. Bevor sie weitergehen, nimmt eines von ihnen die Schnecke und setzt sie ganz vorsichtig ins Gras. «Damit sie nicht von einem Fahrrad überfahren wird.»

Das ist gelebte Naturverbundenheit, die in den Kindern vielleicht erst jetzt, durch dieses aufmerksame Beobachten, erwacht ist: Sorge zu tragen, dass andere Geschöpfe nicht in Gefahr geraten. Und wenn sie noch so klein sind.

Die Liebe zur Natur

Natur ist unsere Lebensgrundlage. Natur erquickt. Wenn Menschen erschöpft sind, sagen sie: «Da hilft mir nur, rauszugehen in die Natur. Auf eine Wiese, zum Wasserfall, an ein Bächlein, unter Bäume. Oder zu wandern.»

Auch barfuß zu gehen ist eine wunderbare Möglichkeit, direkt mit der Natur in Kontakt zu kommen. Da vergisst jeder, was ihm gerade noch im Kopf herumschwirrte, denn die bloßen Füße auf dem Boden und wenigstens mal ein paar Schritte in freier Natur erden einen unmittelbar. Und man fühlt sich erfrischt und steht ganz anders da. Ja, man kann sich auch mit den Füßen freuen! Probieren Sie das doch mal aus.

Kennt ihr das?

Und wenn Sie schon draußen sind: Wissen Sie, wie der Baum da drüben heißt? Nicht? Das können Sie ändern. Besorgen Sie sich kleine Bestimmungsbücher, und nehmen Sie diese mit hinaus zum Spaziergang. Dann können die Kinder mitgucken, wenn Sie beispielsweise einen Baum anschauen, den Sie nicht kennen. Ertasten Sie mit den Kindern die Rinde. Nehmen Sie ein Blatt. «Guck mal, das sieht aus wie ein Herz. Was sind denn das für Bäume, die herzförmige Blätter haben?»

«Für was soll das gut sein?», mag vielleicht manch einer fragen. Der Nutzen liegt darin, sich dort zu beheimaten, wo man lebt. Dafür ist es nötig, die Dinge zu kennen und zu benennen, die einen umgeben. Überdies ergeben sich die spannendsten Gesprächsthemen, wenn Sie mit den Kindern aufmerksam wahrnehmen, was so ringsum in der Gegend wächst. «Und wie heißt die Blume da, die kleine, die jetzt sogar noch Ende November blüht?»

Gehen Sie daher mit Ihren Kindern auf Entdeckungsreise. Und Sie werden viel Freude miteinander haben.

Natur ist eben nicht nur Wissen und Erzählen und Diskutieren über die Umweltprobleme – sondern Natur will erlebt, angefasst, gerochen, erlauscht werden. Machen Sie sich also möglichst oft mit Ihrer Familie zu Fuß auf den Weg, sodass die Kinder richtig anpacken und erkunden und ruhig auch mal dreckig werden können.

Genießen Sie es selbst, die Natur mit allen Sinnen zu erleben. Nicht nur beim Barfußlaufen, sobald es warm genug dafür ist, sondern auch beim Klettern auf Bäume, beim Aufstauen von Wasser, beim Matschen und Planschen und Beobachten! Das ist heilsam. Nicht nur für Kinder, sondern auch für Eltern. Und es stärkt die Lebenskräfte.

HUMOR UND HEITERKEIT

Es war einmal eine Prinzessin, die war immerzu ernst und konnte überhaupt nicht lachen. Ihr Vater, der König, war darüber sehr beunruhigt. Darum hatte er ein Gesetz gegeben, wer sie zum Lachen bringt, den sollte sie heiraten. Und – hat es einer geschafft? Ja! Ausgerechnet jemand, dem keiner etwas zutraute und den alle nur «Dummling» nannten. Als der nun auf eine besondere Weise vor die Prinzessin trat, «fing sie überlaut an zu lachen und wollte gar nicht mehr aufhören».

Wie ihm das gelang? Davon berichtet das Märchen *Die goldene Gans* der Brüder Grimm. Ihre Kinder werden große Freude haben, wenn Sie es ihnen erzählen oder vorlesen.

Kinder lachen so gern

Ihr Sinn für Situationskomik ist ganz schön ansteckend:

Ein Zweieinhalbjähriger, der bald ein Geschwisterchen bekommen wird, zeigt mit strahlenden Augen auf sein herausgestrecktes Bäuchlein und sagt: «Da Baby drin.»

Oder eine Vierjährige, die gerade dem Märchen von Frau Holle lauscht, und als sie hört, dass sie schiefe Zähne hat, spontan fragt: «Hat die auch Daumen gelutscht?»

Andere Eltern erzählen: «Wir sitzen mit der Familie in einem Restaurant. Da geht die Tür auf und ein Mann mit einem langen Rauschebart kommt herein. Prompt ruft unser Sohn: ‹Ui, guck mal, ein Zwerg!›»

HUMORPROVIANT

Wann haben Sie zuletzt mit Ihren Kindern gelacht? Sie müssen erst überlegen? Dann lohnt es sich, genauer wahrzunehmen, was Kinder in ihrer natürlichen Offenheit so von sich geben. Schreiben Sie auf, was aus unbefangenem Kindermund kommt, denn sonst ist es schnell vergessen. Legen Sie sich ein «Glücksbüchlein» an – mit dem Ziel, jeden Abend mindestens einen Moment des Tages zu notieren, der Ihnen ein Lächeln hervorgelockt hat. Damit trainieren Sie, den schönen Begebenheiten im Familienalltag mehr Gewicht zu verleihen. Und Sie haben einen wunderbaren Humorproviant, den Sie jederzeit wieder hervorholen können.

MEHR LEICHTIGKEIT IM ALLTAG

Der Humor wird jedoch oft auch dort in die Flucht geschlagen, wo ein Erwachsener sich selbst anklagt, nur weil ihm ein Missgeschick passiert ist:

«Ich könnte mich ohrfeigen», schimpft eine Mutter, der gerade das Essen angebrannt ist. Im Nu ist das ganze Umfeld von ihrer schlechten Laune betroffen. Und gar nichts gewonnen.

Humor gedeiht am besten da, wo klar ist: Jeder macht Fehler. Fehler sind ja beim Clown der direkte Auslöser für Heiterkeit. Wenn er er immer wieder versucht, etwas zu erreichen, und es dann doch danebengeht, so ist es einfach nur zum Lachen. Und das Beste: Auch der Clown lacht mit. Das macht ihn so sympathisch. «Über eine Situation zu lachen, wirkt gesundend», sagt der berühmte Clown Dimitri.[27]

Eltern sind gute Eltern, wenn sie auch über sich selbst lachen können, wenn mal ein Missgeschick passiert.

So wie diese Mutter, der aus Versehen die Plätzchen angebrannt sind. Als sie das Blech herauszieht, ruft sie: «Huch, das sind ja lauter Brandenburger!» Diesen Wortbezug finden alle in der Familie lustig. Er wird zu einem geflügelten Wort. Und wenn mal wieder etwas zu dunkel geraten ist, dann ist eines klar: Es sind Brandenburger.

Sich einlassen auf die Kinderebene

Es ist wohltuend für Kinder, wenn die Erwachsenen nicht immer gleich mit Erklärungen daherkommen, sondern eine Situation spontan erfassen.

Der kleine Benjamin hat da Glück. Er ist längst ins Bett gebracht worden, doch plötzlich steht er wieder im Wohnzimmer und sagt: «Ich kann nicht schlafen, weil da ist ein Löwe unter meinem Bett!» Sein Vater sagt nun nicht, dass das gar nicht sein könne, sondern er geht geistesgegenwärtig darauf ein. «Warte», sagt er, «das haben wir gleich!» Er holt einen Besen, fegt damit kräftig unterm Kinderbett und ruft: «Raus mit dir, du Löwe! Komm schon! Raus! Ja, da ist die Tür!» Die Haustür auf und schnell wieder zu. «Siehst du», sagt er zu Benjamin, «jetzt ist er weg! Jetzt kannst du gut schlafen.»

Und so ist es auch. Das Kind ist erleichtert über Papas beherzte Tat und kommt in dieser Nacht nicht mehr heraus.

Mit Humor geht vieles leichter

«Hast du schon deine Hände gewaschen?», fragt Papa. «Ja!», behauptet Luise. Der Vater hebt eine Augenbraue und fragt nur: «Und? Das soll ich dir glauben?» Die Wirkung ist verblüffend. Denn schon geht die Kleine los und wäscht sich tatsächlich die Hände.

Warum eigentlich? Probieren Sie es doch selbst mal aus, und sie werden bemerken, dass Erziehungsziele mit Humor viel leichter erreichbar sind als mit der unseligen Drohung «Wenn du das jetzt nicht gleich machst, dann ...».

Auch beim Anziehen oder bei sonstigen Aufgaben, die Kinder zu erledigen haben, ist Humor der Schlüssel, sie zu motivieren.

Max soll die Schuhe anziehen und weigert sich. Mama ruft: «Wer ist Erster?» und beginnt, ihre Schuhe anzuziehen. Sogleich tut es der Kleine ebenfalls.

Die Mutter – die sich extra ein wenig ungeschickter als sonst anstellt – macht große Augen. «Was? Du hast schon einen Schuh an? Da muss ich mich aber beeilen.» Kurz darauf ruft das Kind: «Erster!» und freut sich diebisch darüber. Und beide lachen.

Nicht alles ausdiskutieren

Als Eltern müssen Sie nicht alles ausdiskutieren. Sie müssen sich auch nicht rechtfertigen, wenn sie ihrem Kind etwas nicht kaufen wollen.

«Ich brauche unbedingt diese neuen Turnschuhe», fordert ein Zwölfjähriger. Der Vater nimmt das gelassen und fragt: «Hast du gespart?» Der Junge nörgelt nun herum. Doch sein Papa knickt nicht ein.

Und das ist gut so. Als er nun noch nachschiebt: «Du denkst jetzt sicher, dass ich ein ganz schlimmer Vater bin», trollt sich der Sohn.

Indem er auf den Gefühlszustand des Jungen eingeht, zeigt dieser Erwachsene, dass er nicht um jeden Preis geliebt sein will. Dass er nicht den perfekten Vater spielen will, sondern den verantwortlichen, der weiß: humorvoll zu parieren ist allemal besser als nachzubeben, damit die Kinder nur ja keine schlechte Laune bekommen.

Und wenn Ihr Teenager Ihnen schließlich an den Kopf wirft: «Du bist voll peinlich!», dann genügt es, das zur Kenntnis zu nehmen: «Jetzt, wo du's sagst …»

Humorvolle Spiele bereichern den Alltag

Spielen Sie also immer wieder mal zwischendurch Spiele, die gerade dadurch lustig sind, dass nicht gleich alles perfekt gelingt. Wie etwa «Guck-guck, wo bin ich?». Auch größere Kinder lieben es, vor allem dann, wenn sich der Erwachsene beim Suchen extra ein bisschen umständlich anstellt, bis er das Kind endlich entdeckt: «Ach, da bist du!»

Oder spielen Sie Singspiele, wenn Ihr Kind unterwegs nicht mehr laufen mag.

So wie der kleine Otto. Der wird auf einmal wieder ganz frisch, und irgendwie werden die Beinchen auch wieder munter, als einer von den Großen anstimmt: «Nudelsuppe, Nudelsuppe, alle essen Nudelsuppe!» Mama singt: «Linsensuppe, Linsensuppe …» Dann fällt dem Kleinen auch etwas ein, und er ruft strahlend: «Karottensuppe, Karottensuppe …»

«Ich wusste gar nicht, wie viele verschiedene Suppen es gibt», erzählt seine Mutter später. «Ah, noch eine – und noch eine! Und im Nu waren alle zu Hause.»

Wort- und Scherzspiele

Kinder im Schulalter können sich kugelig lachen über Wort- oder Scherzspiele. Besonders dann, wenn sie überraschen. Ein Beispiel:

*Ein Vater zu seinem Achtjährigen: «Sag mal zehnmal hinter-
einander ‹sieden›.» Und kaum hat der Junge das getan, fragt
Papa schnell: «Und, wo geht im Sommer die Sonne auf?» Auf
die spontane Antwort hin müssen beide herzhaft lachen.*

Probieren Sie es doch am besten gleich selbst aus. Sie werden bemerken: Scherzfragen sind eine wunderbare Brücke, um
Heiterkeit in den Alltag zu bringen. Einfach so.

Das gilt auch für «Schnellsprecher» wie beispielsweise:

*Wenn hinter Fliegen Fliegen fliegen,
fliegen Fliegen Fliegen nach.*

*Die Katze tritt die Treppe krumm,
die Treppe tritt die Katze krumm.*

Esel essen Nesseln nicht, Nesseln essen Esel nicht.

Umgekehrte Welt

*Samstagsfrühstück. Heute ist mal mehr Zeit – und heute dür-
fen alle mal in eine andere Rolle schlüpfen. Papa sagt zu den
Kindern: «Ihr seid heute die Eltern und wir die Kinder.» Die
beiden Kinder finden das «toll»!*

Lassen Sie sich dieses heitere Spiel (für Kinder ab fünf) nicht
entgehen, denn Kinder spiegeln einen unverfälscht, und als
Eltern können Sie da die besten Einblicke in eingefahrene
Muster gewinnen. Es gibt garantiert viel zu lachen.

Ab dem Schulalter haben Kinder großes Vergnügen an Humorgeschichten aus dem Kulturschatz. Sie hören gerne von den Streichen des *Till Eulenspiegel*, von den *Schildbürgern* oder von den «Lügengeschichten» des *Barons Münchhausen*. Gönnen Sie sich, sie den Kindern persönlich zu erzählen oder vorzulesen. Schließlich wollen Sie ja auch mitlachen. Und miteinander zu lachen verbindet Herzen und erhellt den Alltag.

Anmerkungen

1 Siehe Johann Wolfgang Goethe, *Faust I*, Vorspiel auf dem Theater.

2 Zu «Motivation und Belohnung» siehe http://www.sueddeutsche.de/ wissen/motivation-und-belohnung-geld-macht-faul-1.156184

3 Siehe Alice Miller, *Das Drama des begabten Kindes und die Suche nach dem wahren Selbst*, Suhrkamp Verlag, Berlin 2012.

4 Manfred Spitzer, *Vorsicht Bildschirm! Elektronische Medien, Gehirn-entwicklung, Gesundheit und Gesellschaft*, München 2006.

5 Judith Jackson in dem Interview «Zu gut für das Kind», in: *Psychologie heute*, Februar 2010.

6 Ausführlicheres zu den fünf A's siehe Christiane Kutik, *Erziehen mit Gelassenheit*, Verlag Freies Geistesleben, Stuttgart ⁵2013, S. 21, und Christiane Kutik, *Entscheidende Kinderjahre*, Verlag Freies Geistesleben, Stuttgart 2012, S. 138.

7 Siehe dazu auch Christiane Kutik, *Erziehen mit Gelassenheit* (siehe Anm. 6), Kapitel «Regeneration».

8 Zum Phänomen der Spiegelneurone siehe Joachim Bauer, *Warum ich fühle, was du fühlst. Intuitive Kommunikation und das Geheimnis der Spiegelneurone*, Hamburg 2005.

9 Siehe Rudolf Steiner, *Anweisungen für eine esoterische Schulung*, Gesamtausgabe (= GA) 245, Dornach 1969, Kapitel I: «Allgemeine Anforderungen», sowie Rudolf Steiner, *Seelenübungen I*, GA 267, Dornach ²2001, S. 55ff. Zu den Nebenübungen gibt es auch Ausführungen von anderen Autoren, z.B. von Michael Lipson, *Finde dich neu. Sechs Stufen zu einem kreativen Leben*, Verlag Freies Geistesleben, Stuttgart ³2015.

10 Manfred Spitzer, *Vorsicht Bildschirm!* (siehe Anm. 4).

11 Brüder Grimm, *Kinder- und Hausmärchen: Ausgabe letzter Hand*. Mit einem Anhang sämtlicher, nicht in allen Auflagen veröffentlichter Märchen, herausgegeben von Heinz Rölleke. Eine sehr schöne Ausgabe mit prächtigen Illustrationen ist die Sammlung *Die 100 schönsten Märchen der Brüder Grimm*, mit Illustrationen von Daniela Drescher, Verlag Urachhaus, Stuttgart ⁵2016.

12 Der kursive Text ist zitiert aus Christiane Kutik, *Entscheidende Kinderjahre* (Anm. 6), S. 184.

13 Die Geschichte von Pinocchio gibt es in vielen Ausgaben, z.B. Carlo Collodi, *Pinocchio*, NordSüd Verlag, Zürich 2010, oder in einer ungekürzten Ausgabe: Carlo Collodi, *Pinocchio*, Anaconda Verlag, Köln 2011.

14 Textausschnitt aus dem Lied von Reinhard Mey, «Du bist ein Riese, Max!»

15 Manfred Spitzer, *Cyberkrank! Wie das digitalisierte Leben unsere Gesundheit ruiniert*, Droemer Verlag, München 2015.

16 Manfred Spitzer, *Digitale Demenz. Wie wir uns und unsere Kinder um den Verstand bringen*, Droemer Verlag, München 2014, S. 304.

17 Andreas Mohr, 5. Osnabrücker Symposium: «Singförderung im Kindesalter», siehe www.kinderstimmbildung.de

18 Siehe *Das Buch der Albert Schweitzer Zitate*, Verlag C. H. Beck, München 2013, S. 94, aus: Albert Schweitzer, *Kulturphilosophie I und II*, S. 90

19 Johann Wolfgang Goethe, *Zahme Xenien.*

20 Zitiert aus Christiane Kutik, *Spielen macht Kinder stark*, Verlag Freies Geistesleben, Stuttgart 2013, Kapitel «Spielzeugflut».

21 Vgl. dazu www.bund.net/fileadmin/bundnet/pdfs/chemie/20120320 _dickmachende_weichmacher_bund_hintergrund.pdf

22 Rudolf Steiner: *Die Erziehung des Kindes vom Gesichtspunkte der Geisteswissenschaft*, in: *Lucifer-Gnosis. Grundlegende Aufsätze zur Anthroposophie*, GA 34, Rudolf Steiner Verlag, Dornach ²1987, S. 325.

23 Christiane Kutik: *Spielen macht Kinder stark*, Verlag Freies Geistesleben, Stuttgart 2013.

24 Friedrich Schiller, *Über die ästhetische Erziehung des Menschen in einer Reihe von Briefen*, 23. Brief. Ausgabe: Mit Ausführungen Rudolf Steiners und einer Einleitung und einem Nachwort von Heinz Zimmermann, Verlag Freies Geistesleben, Stuttgart ⁵2009, S. 132.

25 Alexander Mitscherlich, *Die Unwirtlichkeit unserer Städte*, Frankfurt am Main 1996 (Sonderausgabe 2008).

26 Szene aus dem Film *play again* / DVD unter http://playagainfilm. com/

27 Clown Dimitri: *Humor: Gespräche über die Komik, das Lachen und den Narren*, hrsg. von Corina Lanfranchi, Verlag am Goetheanum, Dornach ³2000, S. 17.

154 Seiten,
durchgeh. vierfarbig,
mit zahlr. Fotos, geb. mit Schutzumschlag
ISBN 978-3-7725-2512-4

Es gibt sie kaum, die geborenen Eltern, die von Anfang an alles
richtig machen. Und das ist auch gut so. Eltern sein ist höchste
Entwicklungszeit - auch für die eigene Persönlichkeit. Sie bedeu-
tet nicht nur Erziehung, sondern auch Selbsterziehung auf allen
Ebenen. Ein neues Selbstverständnis und Selbstbewusstsein ist
hier gefragt.Unabhängig davon, ob wir alleinerziehend sind, ob
wir als Mutter oder Vater nur Haushalt und Kinder zu versorgen
haben oder ob wir versuchen, Berufstätigkeit und Elternschaft zu
vereinen.

Verlag Freies Geistesleben

199 Seiten,
durchgeh. vierfarbig,
mit zahlr. Fotos, geb. mit Schutzumschlag
ISBN 978-3-7725-2473-8

Christiane Kutiks Darstellung weckt das Verständnis für das freie
Spielen und zeigt, wie es gelingt, Spielfreude in den Alltag zu
holen. Denn im Spiel gewinnt das Kind bleibende Erfahrungen,
Einsichten und Fertigkeiten. Es lernt dabei – absichtslos – mehr als
durch Programme und frühen Unterricht. Spielen macht Kinder
stark und glücklich. Doch haben sie dafür heute noch genügend
Freiräume? Und können sie noch richtig spielen? Wie können
wir das selbstständige Spiel ermöglichen? Auf solche Fragen gibt
die erfahrene Elternberaterin Christiane Kutik überzeugende und
weiterführende Antworten. Sie behandelt alle zentralen Themen
rund ums Spiel und bietet viele Spielanregungen für Kinder in
den verschiedenen Lebensphasen.

Verlag Freies Geistesleben